KB215332

행복한 지역사회를 위한 도시,

K-에이징 인 플레이스 (AIP)

행복한 지역사회를 위한 도시,

K-에이징 인 플레이스(AIP)

펴 낸 날 2025년 06월 05일

지 은 이 이세규
펴 낸 이 이기성
기획편집 서해주, 이지희, 김정훈
표지디자인 서해주
책임마케팅 강보현, 이수영
펴 낸 곳 도서출판 생각나눔
출판등록 제 2018-000288호
주 소 경기도 고양시 덕양구 청초로 66, 덕은리버워크 B동 1708호, 1709호
전 화 02-325-5100
팩 스 02-325-5101
홈페이지 www.생각나눔.kr
이 메 일 bookmain@think-book.com

• 책값은 표지 뒷면에 표기되어 있습니다.
ISBN 979-11-7048-882-8 (03330)

Copyright ⓒ 2025 by 이세규 All rights reserved.
· 이 책은 저작권법에 따라 보호받는 저작물이므로 무단전재와 복제를 금지합니다.
· 잘못된 책은 구입하신 곳에서 바꾸어 드립니다.

행복한 지역사회를 위한 도시,

K-에이징 인 플레이스 (AIP)

City for a happy community, K-Aging in Place(AIP)

이세규 지음

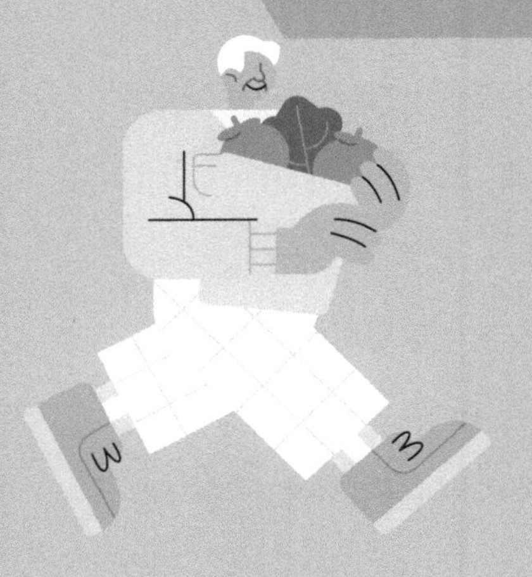

생각나눔

프롤로그

K-에이징 인 플레이스(AIP): 행복한 미래를 위한 새로운 여정

도시는 세대 간의 상생과 다양성이 더욱 중요해지는 공간으로 변화하고 있습니다. 특히 현대 도시에서는 세대 간의 상생, 환경적 지속 가능성, 그리고 포용적 디자인이라는 새로운 가치가 중심이 되며, 미래 도시의 새로운 지평을 여는 여정이 시작되고 있습니다. 그중에서도 '에이징 인 플레이스'는 고령층의 특별한 주거 환경과 라이프스타일을 더욱 고려해야 합니다.

에이징 인 플레이스의 핵심은 행복과 건강입니다. 고령층의 건강과 안녕은 도시의 품질을 높이는 데 중요한 요소입니다. 이는 도시계획과 공공시설에서 시작되며, 친환경적이고 편리한 도시는 건강한 라이프스타일을 증진하고, 고령층의 행복감을 높이는 열쇠입니다.

노인 친화형 도시계획은 고령층의 다양한 라이프스타일을 존중합니다. 예를 들어, 게스트하우스, 커뮤니티 활동, 문화·예술에 대한 지속적인 관심을 반영한 계획은 중요한 요소입니다. 이러한 거주 환경은 고령층의 삶에 행복과 만족을 제공할 것입니다.

무엇보다도, 에이징 인 플레이스는 상호작용과 소통을 강조하는 공동체 문화를 형성하는 것이 중요합니다. 삶의 공간은 다양한 세대가 함께 살아가야 하며, 이를 위해 자립경제, 지속가능한 소비, 친환경 교통수단의 도입이 필요합니다. 디자인 씽킹과 유니버설 디자인은 모든 세대에게 친화적인 도시 공간을 조성하는 방법이기도 합니다.

앞으로 우리는 에이징 인 플레이스가 이러한 원칙과 가치를 기반으로 어떻게 삶의 터를 형성시키고, 새로운 삶의 공간의 지평을 여는 데 기여하는지 자세히 살펴봐야 할 것입니다. 에이징 인 플레이스는 다양성과 상생을 강조하며 도시의 미래를 더욱 풍요롭게 만들어 갈 것입니다.

2025년 4월

빛고을 효천지구 노대골에서

CONTENTS

Ⅱ. 행복한 에이징 인 플레이스를 위한 도시이론

V. 행복한 K-에이징 인 플레이스(AIP)

K-에이징 인 플레이스(AIP): 새로운 고령세대의 출현

1

새로운 고령세대의 출현

1) 인구구조 변화와 도시계획의 미래

고령화로 인한, 우리나라의 인구 구조 변화는 도시계획에 새로운 과제를 제시하고 있다. 지금까지의 도시계획은 주로 젊은 세대를 중심으로 설계되어 노인들의 안전하고 편리한 삶을 위한 환경을 충분히 고려하지 못해 왔다. 고령화가 진행되면서 노인이 차지하는 인구 비중이 증가함에 따라 도시계획은 이러한 인구 구조 변화를 반영하여 재조정될 필요가 있다.

고령자는 기존의 도시 환경에서 안전하게 살아가기에 많은 어려움을 겪고 있다. 보행이나 교통 이용 시 불편함을 느끼고, 일상생활에서도 다양한 어려움이 커지고 있다. 따라서 도시계획에서는 노인을 고려한 친화적인 환경을 조성하는 것이 중요하다. 보행로의 폭을 확장하고, 안전한 횡단보도를 설치하며, 대중교통의 이용 편의성을 향상시키는 등의 방안을 통해 도시는 노인들에게 적합한 환경으로 재편될 필요가 있다.

고령화로 인한 국가생산력 감소는 사회경제에도 영향을 미치고 있다. 이에 따라 도시는 고령자들에게 적합한 일자리를 창출하고, 지속 가능한 도시 경제를 유지하는 방안을 마련해야 한다. 예를 들어, 노인을 위한 새로운 서비스 업종이나 커뮤니티 프로젝트를 도입하여 고령자 일자리 창출과 도시의 활기를 유지하는 방안을 모색할 필요가 있다.

고령화는 단순히 인구 구조의 변화를 넘어 도시계획과 도시경제의 구조적 변화를 요구하는 중요한 과제이다. 도시계획은 노인들이 안전하고 편리하게 살아갈 수 있는 환경을 조성하는 동시에, 그들의 경제적 참여를 유도할 수 있는 정책을 병행해야 한다. 이를 통해 세대 간 조화와 지속 가능한 도시를 구현할 수 있다.

2) 고령친화형 도시환경의 필요성

노인들은 도시에서 다양한 사회 활동에 참여하는 데 많은 제약을 받고 있다. 이에 따라 유니버설 디자인 원칙을 바탕으로 한 도시계획의 필요성이 커지고 있다. 유니버설 디자인은 모든 사회 구성원을 고려한 디자인 기법으로, 노인뿐만 아니라 장애인, 어린이, 임산부 등 모든 사회 구성원이 이용하기 편리하게 조성하는 것을 목표로 한다. 이를 통해 도시는 다양한 수요를 충족시키는 친화적이고 편리한 환경으로 재조정할 수 있다.

고령 친화형 도시계획은 고령화 사회의 요구를 반영하여 노인들이 안전하고 편리하게 생활할 수 있도록 환경을 조성한다. 이러한 계획은 모든 세대와 사회 구성원이 공존할 수 있는 환경을 마련하며, 유니버설 디자인 원칙을 바탕으로 다양한 세대의 요구를 충족시키는 것을 목표로 한다.

고령 친화형 도시계획의 핵심은 노인들이 도시를 안전하고 자유롭게 이동할 수 있도록 이동의 편의성을 다음과 같이 개선해야 한다.

▨ 보행로의 폭을 확장하고 미끄럼 방지 바닥을 설치하여 안

전성을 강화해야 함.

▨ 안전한 횡단보도를 설치하고, 신호 체계를 개선하여 노인들이 보다 안전하게 도로를 건널 수 있도록 해야 함.

▨ 대중교통 접근성을 높이기 위해 노인 전용 승하차 구역을 마련하여 이동의 편리함을 제공해야 함.

노인들이 보다 적극적으로 사회 활동에 참여할 수 있도록 다양한 시설과 프로그램을 제공하는 데 중점을 둔다.

▨ 노인들이 자유롭게 이용할 수 있는 공공시설을 구축해야 함.

▨ 다양한 레저와 문화 활동에 참여할 수 있는 프로그램을 개발하고 운영하여 노후 생활의 질을 높임.

▨ 커뮤니티 공간을 조성하여 세대 간 교류를 촉진하고 사회적 통합을 이끌어 내야 함.

고령 친화형 도시계획은 노인뿐만 아니라 모든 세대와 사회적 약자를 위한 포괄적인 환경을 조성하는 것을 목표로 한다.

▨ 공공시설과 주거 공간에 유니버설 디자인을 적용하여 누구나 이용 가능한 환경을 조성해야 함.

▨ 노인뿐만 아니라 장애인, 어린이, 임산부 등 사회적 약자

가 편리하고 안전하게 도시의 공공시설과 생활 인프라를 이용할 수 있도록 해야 함.

고령 친화형 도시계획은 단순히 노인만을 위한 도시 환경 조성에 그치지 않는다. 모든 세대가 함께 공존할 수 있는 도시 환경을 만들어 사회적 통합을 촉진하고, 도시 전체의 삶의 질을 향상시키는 데 기여한다. 이러한 접근은 지속 가능한 도시 발전을 위한 중요한 기반이 된다.

이러한 고령 친화형 도시계획을 마련하여 노인들은 더 편리하고 안전하게 도시를 이용할 수 있다. 또한, 모든 세대와 사회 구성원이 함께 공존할 수 있는 환경을 마련함으로써 사회적 통합을 촉진할 수 있다. 유니버설 디자인을 적용한 도시 환경은 도시 전체의 삶의 질을 향상시키며, 세대 간 협력을 통해 지속 가능한 도시 발전을 도모할 수 있다.

3) 국가생산력 감소와 도시경제의 재조정

인구감소와 저출산은 국가 생산력이 감소하면서 도시 경제에 지속적인 영향을 미치고 있다. 노동 인구의 감소로 생산성이 저하됨에 따라 기업들의 경쟁력이 약화되고, 이로 인해 도시의 산업 구조에도 변화가 발생하고 있다. 이러한 상황에 대응하기 위해 도시는 일자리 창출과 경제 활동을 촉진할 수 있는 전략이 필요하다.

일자리 창출은 새로운 산업 분야를 개척하고 기존 산업을 혁신하는 방향으로 이루어져야 한다. 기술 혁신과 디지털화가 빠르게 진행되는 현대 사회에서는 IT, 바이오 산업, 그린 에너지와 같은 신산업을 중심으로 한 발전계획이 필요하다. 이를 통해 새로운 일자리를 창출하고 도시 경제를 활성화할 수 있다. 특히 노인 일자리 창출을 위해 젊은 세대의 새로운 기술과 노년 세대의 경험과 자산을 융합할 수 있는 정책마련이 중요하다.

특히, 은퇴 후 취·창업에서는 노동력의 질적 향상을 도모하기 위해 교육과 훈련 프로그램을 강화해야 한다. 기존 업무에 적합한 교육뿐만 아니라 노년층이 새로운 직업기술과 취업분야에 적응할 수 있도록 지원 프로그램을 도입함으로써 노인 일자리 창출에 기여할 수 있다. 이 같은 교육과 훈련은 도시 내 인적 자원의 활용도를 높이고 경제 활동을 촉진하는 데 중요한 역할을 할 것이다.

이 같은 다양한 정책을 적극적으로 추진함은 고령화로 인한 국가 생산력 감소에 대응할 수 있는 기반을 마련하는 것이다. 이를 통해 노인과 젊은 세대가 함께 기여하는 지속 가능한 도시 경제를 구축하고, 산업 구조의 변화에 탄력적으로 대응할 수 있다.

고령화로 인한 경제적 도전을 극복하기 위해서 도시는 산업 혁신, 기술 융합, 인적 자원 개발을 중심으로 한 종합적인 접근이 필요하다. 이 같은 정책은 도시 경제의 활력을 유지하고, 모든 세대가 참여하는 지속 가능한 경제 구조를 만드는 데 기여할 것이다.

4) 유니버설 디자인을 반영한 도시계획

유니버설 디자인의 원칙을 도시계획에 적용함으로써 다양한 사회적 약자를 고려한 도시 환경을 조성하는 데 중점을 둔다. 유니버설 디자인은 고령자, 장애인, 어린이, 임산부와 같은 특정 계층의 다양한 요구를 반영하여 도시 환경을 설계하는 것을 목표로 한다.

유니버설 디자인 원칙의 적용은 도시 환경의 안전성과 편의성을 향상시키는 데 크게 기여한다. 예를 들어, 보행로에 안전한 횡단보도를 설계하고 경사로를 적절히 설치하며, 대중교통 이용 시 편리성을 고려한 설계를 적용하는 것이 대표적인 사례이다. 이는 여러 사회적 약자가 도시를 보다 안전하고 편리하게 이용할 수 있도록 돕고, 계층 간 갈등을 최소화하는 효과를 가져온다.

유니버설 디자인의 적용은 도시계획에 혁신적인 접근법을 제공하며, 동시에 사회적 통합과 상호 이해를 촉진하는 중요한 역할을 한다. 따라서 도시계획에서 유니버설 디자인은 사회적 다양성을 존중하고 모든 시민이 도시 공간을 공평하게 이용할 수 있는 기반을 마련한다. 그러나 현행 법과 제도는 고령 친화형 도시계획을 충분히 반영하지 못하고 있다. 향후 유니버설 디자인을 위한 새로운 법과 지침을 마련하여 도시계획에 반영해야 한다.

유니버설 디자인 도시는 세대 간 소통을 강화하는 방안도 필수적으로 포함되어야 한다. 젊은 세대와 고령자 간의 소통을 강조하는 것은 도시 내 사회적 통합과 지속 가능한 발전을 위한 중요한 요소이다. 이를 위해 다음과 같은 관점을 고려해야 한다.

- **공공장소와 시설 배치**: 세대 간 상호작용을 촉진할 수 있는 공공장소와 시설을 적절히 배치하는 것이 중요함. 공원,

문화·예술 시설, 레크리에이션 공간 등에서 세대 간 교류가 활발히 이루어질 수 있도록 디자인해야 함. 또한 이러한 장소에서 정기적인 행사나 프로그램을 개최하여 세대 간 소통의 기회를 확대하는 방안을 도입해야 함.

- ▨ **디지털 기술 활용:** 디지털 기술을 효과적으로 활용하여 도시 내 세대 간 연결성을 강화할 필요가 있음. 모바일 애플리케이션을 통한 정보 공유와 온라인 커뮤니티 플랫폼을 통한 소통의 촉진은 물리적 거리에 구애받지 않고 다양한 세대 간 의사소통을 가능하게 함.
- ▨ **교육과 프로그램:** 세대 간 이해를 높이기 위해 폭넓은 교육 프로그램을 개발하여 지원해야 함. 예를 들어, 역사 강좌, 문화 교류 프로그램, 노인의 지혜와 경험을 나누는 워크숍 등을 통해 세대 간 소통을 유도할 수 있음.

이 같은 변화는 고령화가 진행되는 동안 도시가 다양한 세대에게 친화적이고 통합적인 환경을 제공하도록 돕는다. 이는 모든 시민이 안전하고 편리한 환경에서 삶을 영위할 수 있도록 지원하며, 도시의 미래 발전에 긍정적인 영향을 미칠 것이다.

2

고령자의 특성

고령자의 여러 노화 현상은 앞으로 도시계획에서 중요한 고려 사항으로 간주해야 한다. 앞으로 도시계획은 고령자들의 신체적 저하에 적절히 대응해야 한다. 신체적 저하는 경제적 은퇴와 관련이 있으며, 도시 내에서 경제 활동을 유지할 수 있는 환경을 조성하는 것이 중요하다. 예를 들어, 편리한 대중교통 시스템, 공공시설의 접근성 향상, 안전한 보행로 등이 필요하다.

또한, 고령자들의 심리적 불안감과 사회적 고립을 예방하기 위한 대책도 마련되어야 한다. 도시계획은 노인들의 심리적 요구를 반영하여 문화와 레크리에이션 시설을 적절히 배치하고, 소통과 교류를 촉진하는 프로그램을 개최하는 등의 노력이 필요하다. 이를 통해 고령자들이 사회적으로 참여하고 풍요로운 삶을 누릴 수 있는 환경을 제공해야 한다.

더 나아가, 노화 현상의 다양성을 인식하고 맞춤형 서비스를 제공하는 것이 중요하다. 신체적 불편을 겪는 고령자를 위한 특별한 교통수단이나 건물 내 구조적 개선, 심리적 지원이 필요한 고령자를 위한 상담 프로그램 등을 도입해야 한다.

앞으로 도시계획은 고령자들의 다양한 특성을 고려하여 건강하고 편리한 도시 환경을 조성하는 데 중요한 역할을 한다. 특히 고령자들이 자립적이고 질 높은 삶을 영위할 수 있도록 지속적인 정책 마련이 필요하다.

1) 고령자의 유형별 특성

① 신체적 특성

고령자가 겪는 다양한 신체적 노화는 도시계획에서 노인 친화형 도시를 조성하는 중요한 이슈로 떠오르고 있다. 우선, 노인들의 시력과 청력 저하에 대응하기 위해 도시 공간에서는 시각과 청각 장애를 고려한 시설물 설치와 환경 개선이 필요하다. 예를 들어, 보행로에는 안전한 도로 표지와 조명 시스템을 도입하여 시각적 정보를 제공하고, 대중교통 시설에서는 음성 안내 시스템을 강화하여 이동 편의성을 높여야 한다.

다음으로 고령자의 안전사고와 외상에 능동적으로 대응하기 위해 도시 환경 내 위험 요소를 최소화해야 한다. 보행로나 교통 시설의 평탄성을 확보하고, 횡단보도의 안전성을 강화하며, 공원이나 레크리에이션 공간의 안전시설을 개선하는 조치가 필요하다.

더불어, 고령자의 신체적 불편함을 최소화하려면 도시계획에서 유니버설 디자인을 반영해야 한다. 예를 들어, 건물 출입구에 경사로를 설치하고, 휴게시설에 편의시설을 마련하며, 의료와 긴급 상황 대응을 위한 응급시설을 적절히 배치함은 고령자의 편의와 안전을 위한 유니버설 디자인의 좋은 사례이다.

고령 친화형 도시는 노인들이 일상생활에서 편리하고 안전함을 느낄 수 있는 환경이어야 한다. 이는 고령자의 신체적 특성과 불편함을 고려한 디자인과 시설물 조성, 그리고 안전한 이동을 보장하는 다양한 환경을 조성함으로써 구현된다.

② 심리적 특성

고령자의 심리적 노화와 기능 저하는 도시의 문화, 보건, 복지, 사회적 측면에서 심층적인 연구와 정책적 노력이 요구되는 중요한 주제이다. 노인의 심리적 특성 변화를 반영하여 고령친화형 도시를 조성하려면 종합적인 접근이 필요하다.

우선, 고령자들의 심리적 노화로 인한 지각 능력 저하와 기억력 감소에 대응할 수 있는 환경을 조성해야 한다. 이를 위해 공공시설과 도로 환경을 개선하고, 노인들이 쉽게 길을 찾고 이동할 수 있도록 명확하고 직관적인 안내 시설물을 설치해야 한다. 이러한 노인 친화적인 이동 환경은 고령자들의 심리적 안정감을 높이고, 일상생활에서의 자립을 지원한다.

또한, 도시계획은 치매와 선망 현상과 같은 대표적인 심리적 노화 증상에 대한 지원 시스템을 마련해야 한다. 이를 위해 의료기관과 협력하여 치매 예방과 치료 프로그램을 제공하고, 지역 기반의 상담 서비스를 통해 조기 발견체계를 지원해야 한다. 동시에 다양한 사회활동과 문화행사를 통해 노인들의 사회적 연결성을 강화할 수 있는 정책을 도입해야 한다. 이는 고령자들의 소속감을 증대시키고 삶의 질을 향상시키는 데 기여한다.

고령자의 심리적 위축에 대응하기 위해서는 에이징 인 플레이스를 실현할 수 있는 주택 개조가 필수적이다. 노인들이 편안하게 생활할 수 있도록 주거 시설은 안전하고 친환경적인 디자인을 적용해야 하며, 필요한 서비스와 지원 시스템을 제공하여 자립적인 생활을 도울 수 있어야 한다. 또한, 노인 친화적인 공동체 공간과 활동 프로그램을 통해 고령자들이 사회적으로 활발히 참여할 수 있는 환경을 조성해야 한다.

도시 내 고령자가 모임과 교류를 통해 정서적 안정감을 느낄 수 있도록 다양한 사회적 활동 공간을 마련해야 한다. 예를 들어, 문화센터, 복지관, 커뮤니티 센터에서 세대 간 소통과 협력을 촉진할 수 있는 프로그램을 운영함으로써 고령자의 사회적 참여를 지원하고 삶의 만족도를 높여야 한다.

이와 같은 도시계획 방안을 실행하기 위해서는 고령자의 심리적 특성을 충분히 반영한 정책과 제도가 마련되어야 한다. 고령자의 심리적 안정과 삶의 질 향상을 목표로 중앙정부와 지방자치단체는 의료, 복지, 문화 활동을 통합적으로 연계하는 시스템을 구축해야 한다.

이러한 정책과 제도의 실행을 통해 고령자는 심리적으로 안정된 상태에서 도시 생활을 유지할 수 있으며, 새로운 환경 변화에 따른 부담을 최소화하고 삶의 질을 향상시킬 수 있다.

③ 사회적 특성

고령자의 신체적 노화와 심리적 저하는 사회적 참여에 큰 영향을 미친다. 도시계획은 노인들이 사회적으로 서로 연결되고 적극적으로 참여할 수 있는 환경을 조성하는 데 초점을 맞춰야 한다.

우선, 노인이 편안하게 모일 수 있는 사회적 활동 공간을 마련하는 것이 중요하다. 카페, 서점, 주민자치회, 교회와 같은 제3의 장소를 지원하여 노인들이 쉽게 접근할 수 있는 공간을 확충해야 한다. 이 같은 제3의 장소는 노인들이 서로 만나고 대화하며 지역사회에 참여할 수 있는 기회를 제공한다.

또한, 노인들의 접근성과 이동성을 보장하기 위해 공공시설과 교통 인프라를 강화해야 한다. 고령 친화형 대중교통을 확충하고, 노인이 이용하기 편리한 교통 체계를 구축해야 한다. 또한, 시설 내부는 휠체어 이용이 용이하도록 설계하고, 노인의 신체적으로 적합한 동선과 설비를 마련해야 한다.

고령자의 다양한 관심사와 취미를 반영한 활동 프로그램 제공도 중요하다. 지역사회의 특성과 연계된 문화 행사, 예술 활동, 체육 활동 등을 다양하게 기획하여 노인들이 자신의 삶에서 즐거움과 의미를 찾을 수 있도록 지원해야 한다. 창의적인 참여를 유도하는 프로그램을 통해 정서적 만족도를 높이고 사회적 관계를 강화해야 한다.

이러한 고령친화형 도시계획의 노력을 통해 노인은 사회적 유대 관계를 유지하면서 생활할 수 있다. 노인들이 적극적으로 사회에 참여하고 소통할 수 있는 도시는 모든 시민에게 풍요로운 삶의 기회를 제공한다. 특히 초고령사회를 대비하는 지역사회에서는 고령자의 사회적 참여가 지역사회의 지속적인 상생을 촉진하는 데 중요한 역할을 한다.

노인 친화적인 도시계획은 단순히 노인을 위한 환경을 조성하는 것을 넘어, 지역사회의 발전과 조화를 이루어야 한다. 이러한 노력은 초고령사회의 지속 가능성을 보장하고, 모든 세대가 공존할 수 있는 환경을 만드는 데 기여한다.

3

에이징 인 플레이스

1) 개요

에이징 인 플레이스(Aging in Place)는 노인들이 은퇴 후에도 자신의 주택에서 편안하게 살아가는 개념으로, 현재 베이비붐 세대의 은퇴와 함께 주목받고 있는 생활 방식이다. 그동안 고령사회에 대한 관심이 부족했으나, 최근 자신의 주택에서 가족, 친척, 친구와 함께 지내며 노후 생활을 이어가고자 하는 수요가 높아짐에 따라, 에이징 인 플레이스에 대한 관심이 커지고 있다.

과거에는 은퇴한 노인들이 주로 요양 주택이나 요양시설에서 생활하는 것이 일반적이었으나, 최근 많은 노인들이 자신의 주택에서 살고 싶어 하고 있다. 이는 노인들이 가족, 친척, 친구와의 교류와 공동체에서 지속적으로 참여하며 노후 생활을 더욱 의미 있게 보내고자 하는 욕구에서 비롯된 것이다. 그러나 여전히 정부는 에이징 인 플레이스보다 요양주택이나 요양시설의 정책을 선호하는 경향이 있다.

에이징 인 플레이스를 실현하기 위해서는 몇 가지 중요한 요소들이 필요하다.

- ▨ 첫째, 주택 개조와 돌봄 지원이 필수적임. 노화된 신체에 맞춘 주택 개조는 낙상 사고를 방지하고 생활 편의를 높이는 데 중요하며, 이는 선진국에서도 중요한 정책으로 자리 잡고 있음.
- ▨ 둘째, 공동체 유지와 사회적 연대를 지원해야 함. 노인들이 지역사회에서 사회적 관계를 유지하고 지속적으로 참여할 수 있도록 하는 것은 공동체 의식을 높이고 노인들의 심리적 안정에 기여함.
- ▨ 셋째, 다양한 주거 유형 제공이 필요함. 노인의 경제적 여건과 개인의 선택에 따라 다양한 주거 유형을 제공하여, 라이프스타일의 다양성을 반영해야 함. 이는 고령사회에서 중요한 과제가 되고 있음.

▨ 넷째, 경제적 안정과 건강·복지 서비스가 필수적임. 노후 생활에서 경제적 안정과 함께 건강과 복지 지원 서비스가 뒷받침되어야 함. 노인 친화적인 복지 인프라와 지역 의료 서비스는 에이징 인 플레이스를 성공적으로 실현하기 위한 기반이 됨.

▨ 다섯째, 의사소통과 공동체 형성이 중요함. 노인의 특성을 반영한 수요 조사를 바탕으로 맞춤형 서비스를 제공하고, 지역 내 소통과 참여를 활성화해야 함.

에이징 인 플레이스는 단순히 주택 개조에 그치지 않고, 동네와 지역 차원으로 확대되어야 한다. 이를 위해 도시계획은 다음과 같은 요소를 고려해야 한다.

▨ **고령 친화형 편의시설과 교통시설 구축**: 노인들의 이동성을 보장하기 위해 접근성이 높은 교통시설과 공공시설을 마련해야 함.

▨ **문화, 체육, 사회서비스 제공**: 지역사회의 특성에 맞춘 문화시설, 체육시설, 그리고 사회서비스를 통해 노인들의 신체와 정신 건강을 향상시킴.

▨ **유니버설 디자인 적용**: 노인뿐만 아니라 모든 시민의 편리

성과 형평성을 높이는 공간을 설계하는 데 중요한 요소로 떠오르고 있음. 이는 고령사회의 필수적인 도시계획의 개념임.

노인의 행복한 노후 생활을 실현하기 위해 에이징 인 플레이스를 기반으로 한 도시계획이 필수적이다. 이는 단순한 주거환경 개선을 넘어, 사회 전반에 걸쳐 노인 참여를 유도하는 유니버설 디자인 개념을 통해 더욱 확대되어야 한다. 베이비붐 세대의 다양성을 존중하는 정책과 시설 확충으로 고령사회에서도 지속 가능한 삶의 질을 높일 수 있다.

2) 에이징 인 플레이스와 거주환경

고령화가 진행됨에 따라, 우리나라에서는 노인 친화형 주택에 관한 관심이 증가하고 있다. 거주 환경은 에이징인 플레이스의 핵심 요소 중 하나로, 노인들이 오랜 시간 동안 거주해 온 주택에서 안전하고 편리하게 생활할 수 있도록 한다. 과거 대부분의 노후 정책은 요양시설 중심으로 이루어졌으나, 최근 스스로 생활할 수 있는 고령자들을 위한 에이징 인 플레이스가 중요시되고 있다. 에이징 인 플레이스는 주택과 거주 환경의 개선이 필수적으로 요구된다.

오랫동안 거주한 주택은 노화로 인한 불편함과 사고의 위험을 고려하여 개조가 필요하다. 이때 주택 개조는 주로 일상생활 능력(ADL)에 문제가 없는 고령자들을 대상으로 하며, 특히 낙상 사고가 발생하기 쉬운 침실, 화장실, 욕실 등을 중심으로 다양한 디자인이 개발되고 있다. 유니버설 디자인의 도입은 모든 사용자가 안전하게 사용할 수 있는 침실, 화장실, 욕실 등으로 거주 공간을 개선시킨다.

에이징 인 플레이스의 특징 중 하나는 주택 개조에 그치지 않고 마을 주변까지 확대되고 있다. 이는 베이비붐 세대의 은퇴가 시작되면서 활동적인 노후 생활을 원하는 고령자가 증가하기 때문이다. 따라서 에이징 인 플레이스 개념이 확장되면서, 주택을 넘어 마을 단위로 더 많은 시설이 필요해지고 있다.

고령 친화형 거주 환경은 주거 환경뿐만 아니라, 마을 내 생활 시설, 편의시설, 휴식 공간, 교통 시설, 운동 시설, 지역 서비스 등 다양한 영역으로 확장될 것이다. 이러한 시설들은 고령자들의 편의와 안전을 고려해 조성되어야 하며, 지역사회의 발전과 함께 모든 세대에게 유익한 도시 환경을 만드는 것이 중요하다.

① 에이징 인 플레이스와 신체적 건강

에이징 인 플레이스에서 노인의 건강은 핵심적인 고려사항이다. 노인이 오랫동안 거주한 주택과 그 주변 환경은 노화로 인한 신체적 변화를 반영하여 개조해야 한다. 특히, 노인은 주택에서 더 많은 시간을 보내고 있어, 노인의 건강 상태에 맞춘 주택 개조가 중요하다.

고령자의 신체적 제약을 극복하기 위한 주택 개조 이론은 베리어프리(Barrier-Free)와 유니버설 디자인 원리가 적용되고 있다. 노인들은 골격 약화, 운동 기관과 감각 기관의 저하, 유연성 약화, 시력과 균형 감각 저하 등 다양한 신체적 변화를 겪기 때문에 이러한 변화를 반영한 주택 개조가 필요하다. 이를 통해 낙상 사고를 예방하고 노후 생활의 질을 향상시킬 수 있다.

앞으로 베이비붐 세대의 은퇴에 따라 에이징 인 플레이스에 대한 수요가 증가할 것으로 예상된다. 유니버설 디자인이 더욱 널리 활용된다면, 고령자뿐만 아니라 사회의 모든 구성원에게 이익을 주게 된다. 따라서 고령자의 주택 개조뿐만 아니라 지역 사회의 공공시설과 환경에도 유니버설 디자인을 적용해 모든 세대가 자유롭고 편리하게 이용할 수 있도록 해야 한다.

유니버설 디자인을 적용한 주택 개조는 다양한 방식으로 이루어질 수 있다. 예를 들어:

- ▨ 문손잡이: 고령자가 힘을 덜 들이고 쉽게 사용할 수 있는 디자인.
- ▨ 침실과 욕실: 미끄럼 방지 바닥재와 충분한 조명 설치.
- ▨ 부엌: 쉽게 접근 가능한 수납공간과 안전한 조리 설비.
- ▨ 거실: 이동과 정착이 용이한 가구 배치.
- ▨ 계단과 문턱: 낮은 문턱 또는 턱 제거, 계단에 손잡이 설치.

기계장치와 사물인터넷(IoT)의 복잡성을 고려할 때, 사용자 친화적이고 과도한 디지털화를 피하는 배려가 필요하다. 특히, 고령자가 편리하게 사용할 수 있는 기술이 적용되어야 한다.

에이징 인 플레이스는 고령자의 능동성을 장려하기 위해서는 다음과 같은 요소들을 종합적으로 고려하여 개조와 지원이 이루어져야 한다.

- ▨ 건강 상태: 노인의 신체적 변화와 요구를 반영한 맞춤형 환경 개선.
- ▨ 경제적 상황: 비용 부담을 완화하는 정책적 지원.
- ▨ 안전성: 낙상 사고를 예방하는 설계.
- ▨ 공동체 참여: 지역사회의 교류와 활동을 활성화할 수 있는 환경.
- ▨ 운전과 이동 능력: 교통 인프라와 접근성을 개선하여 이동의 자유를 보장.

에이징 인 플레이스는 단순한 주거 환경 개선을 넘어서, 고령자의 삶의 질 향상과 사회 통합에 기여하는 중요한 역할을 하며, 세대 간 공존을 위한 지속 가능한 환경을 조성하는 데 필수적인 방식이다.

② 에이징 인 플레이스와 심리적 건강: 고령자의 정서적 요소

에이징 인 플레이스는 고령자의 건강뿐만 아니라 심리적 안정과 안락함을 고려해야 하는 중요한 삶의 터전이다. 노인은 자신의 주택에서 노후를 보낼 때, 신체적 건강뿐만 아니라 정서적 측면도 함께 고려하기 때문이다.

많은 고령자가 에이징 인 플레이스를 선택하는 이유 중 하나는 자신의 주택과 동네에 대한 애착 때문이다. 주거 환경은 물리적 측면과 아울러 가족, 친지, 지인, 그리고 지역 공동체와의 연관성을 통해 노인의 애착과 정체성을 형성해야 한다. 이러한 애착은 노인의 심리적 안정과 안락함과 깊이 연결되어 있다.

고독감과 외로움은 은퇴 후 노인들이 많이 겪는 문제로, 이를 해결하기 위해 에이징 인 플레이스는 사회적 공동체의 중요성을 강조하고 있다. 이웃, 친구, 지역사회와의 상호작용은 노인들이 에이징 인 플레이스를 선택하는 주요 동기가 된다. 따라서 에이징 인 플레이스를 위한 계획은 개인의 심리적 요구를 충족시키고, 지역사회와의 유대 관계를 강화해야 한다.

심리적 안정을 고려한 에이징 인 플레이스는 노인들이 사회적 연결성을 높여 고독감을 줄이고, 만족도를 높일 수 있다. 그러므로 에이징 인 플레이스 정책은 단순히 주택 환경 개선에 그치지 않고, 지역사회와의 조화를 추구하여 고령자들의 심리적 안정을 증진하는 데 중요한 역할을 한다.

에이징 인 플레이스는 신체적 건강뿐만 아니라 정서적 요구도 충족시켜, 고령자들이 자신이 속한 공동체와 연결된 의미 있는 노후 생활을 할 수 있도록 돕는다.

4

안락하고 풍요로운 노후를 위한 도전과 성공

고령 인구의 증가로, 우리 사회는 새로운 변화에 직면하고 있다. 이러한 변화 속에서 노인들이 안락하고 행복한 삶을 누릴 수 있도록 하는 에이징 인 플레이스가 중요한 주제로 떠오르고 있다. 고령자의 요구를 반영한 도시계획은 모든 도시 구성원에게 혜택을 제공하며, 행복한 도시 환경을 창출할 수 있다.

행복한 에이징 인 플레이스는 노인들이 독립적으로 생활할 수 있는 기반이 중요하다. 도시 환경과 교통 체계는 노인의 이동 편의성을 중심으로 설계되어야 한다. 이를 위해 필요한 주요 요소는 다음과 같다.

- 보행로의 개선: 안전하고 넓은 보행로와 미끄럼 방지 바닥.
- 휠체어 접근성 강화: 공공시설과 대중교통에서의 원활한 접근성.
- 편리한 대중교통 수단: 저상버스, 노인 전용 승하차 구역 등.

이 같은 요소는 노인과 사회적 약자가 도시를 편리하게 이동하며 활동적인 삶을 살 수 있도록 돕고, 독립성을 강화하는 데 기여한다. 행복한 에이징 인 플레이스를 위해서 노인들의 사회적 상호작용과 활동 참여를 촉진할 수 있는 공간이 필요하다. 이를 위해 도시나 마을 내에는 다음과 같은 시설들이 마련되어야 한다.

- 공원과 녹지 공간: 산책, 운동, 대화 등을 즐길 수 있는 환경.
- 도서관과 문화·예술 시설: 배움과 취미를 지속할 기회 제공.
- 레크리에이션 공간: 다양한 세대가 함께 참여할 수 있는 여가 활동의 장.

에이징 인 플레이스은 핵심 가치인 사회 참여를 강화하며, 노인들에게 풍요롭고 만족스러운 삶을 제공해야 한다. 행복한 에이징 인 플레이스를 위해서는 노인의 건강과 경제적 안정을 위한 종합적인 시설과 서비스가 필요하다. 이를 위해 다음과 같은 사항을 검토해야 한다.

▨ 의료 접근성 강화: 근거리 의료 기관과 방문 진료 서비스 확대.

▨ 건강 캠페인과 생활체육 지원: 예방 중심의 건강 증진 활동.

▨ 돌봄 경제 활성화: 동네 상권과 지역 플랫폼을 활용한 돌봄 서비스 제공.

위 사항은 노인의 건강 유지와 경제적 자립을 지원하며, 도시 전반에 걸쳐 건강하고 풍요로운 노후 생활을 가능하게 한다. 행복한 에이징 인 플레이스는 노인들에게 안락하고 만족스러운 노후 생활을 제공하는 도시계획의 실현을 목표로 한다. 이를 통해 노인들은 독립적이고 건강한 생활을 영위하며, 사회적으로 활발히 참여하며, 행복한 삶을 누릴 수 있다.

에이징 인 플레이스는 노인뿐만 아니라 모든 도시 구성원을 위한 행복 도시의 원칙을 바탕으로 설계되어야 한다. 이를 통해 모든 세대가 함께 어우러져 풍요롭고 지속 가능한 미래를 만들어 갈 수 있을 것이다.

행복한 에이징 인 플레이스를 위한 도시이론

1
행복도시

1) 행복도시

행복도시(Happy City)는 시민의 행복에 큰 영향을 미치는 도시 디자인과 도시 경영을 핵심 주제로 삼고 있다. 이는 도시 생활에서 더 나은 삶의 기준을 제공하는 것을 목표로 한다. 특히, 도시 교통과 거주 환경은 시민들에게 어떤 매력을 제공하고, 어떻게 기여할 수 있는지에 대해 논의되어야 한다.

우선, 행복도시는 편리한 교통 체계와 쾌적한 거주 환경을 통해 시민들에게 긍정적인 경험을 선사해야 한다.

- **도시 교통**: 효율적이고 접근성이 뛰어난 교통 시스템은 시민들의 이동을 쉽게 하고 삶의 질을 향상시킴. 이를 위해

대중교통, 보행자 친화적인 도로, 자전거 도로 등의 설계가 필요함.

- ▨ 거주 환경: 안전하고 깨끗한 주거 공간과 주변 환경은 시민들에게 안정감을 제공하고, 삶의 만족도를 높이는 중요한 요소임.

다음으로 휴식공간이 부족한 도시는 시민들에게 많은 스트레스를 줄 수 있다. 따라서 행복도시는 혼잡한 환경에서 벗어날 수 있는 휴식공간을 제공하여 주민들이 더 여유롭고 행복한 삶을 누릴 수 있도록 해야 한다.

- ▨ 녹지 공간과 공원: 도시의 녹지 공간은 심리적 안정을 제공하며 도시의 매력을 높이는 중요한 요소임.
- ▨ 문화·레크리에이션 시설: 시민들이 다양한 활동과 여가를 즐길 수 있는 공간이 필요함.

끝으로, 행복도시는 소외된 계층을 포함한 모든 시민을 위한 도시여야 한다. 이를 위해 다음과 같은 정책과 제도가 마련되어야 한다.

- ▨ 포괄적인 주거 지원: 저소득층을 위한 안정적인 주거 공간 제공.
- ▨ 사회적 약자를 위한 환경 조성: 고령자, 장애인, 어린이 등 모든 시민이 도시를 편리하고 안전하게 이용할 수 있는 환경 설계.
- ▨ 복지와 지원 제도: 소외 계층의 삶의 질을 높이기 위한 복지와 지원 프로그램 마련.

행복도시는 물리적 환경의 개선을 넘어서, 시민의 삶의 질을 전반적으로 향상시키는 도시 디자인과 경영을 목표로 해야 한다. 효율적인 교통 체계, 쾌적한 거주 환경, 충분한 여유 공간 확보, 그리고 소외된 계층을 배려한 정책은 행복도시의 핵심 요소이며, 모든 시민이 행복한 삶을 누릴 수 있는 기반이다.

2) 행복도시와 에이징 인 플레이스

에이징 인 플레이스 관점에서, 행복도시는 도시 디자인이 고령사회를 어떻게 반영되는지 고려해야 한다. 이는 사회 구성원 모두의 행복과 웰빙에 미칠 수 있는지에 대한 중요한 아이디어가 된다.

- ▨ **도시 중심지의 생활 편의성 강조:** 에이징 인 플레이스는 노인들이 편안하게 생활할 수 있도록 주택, 의료 시설, 상업 시설이 도심과 가까이 위치해야 함. 이는 교통 이용의 편리함과 함께 노인들이 필요한 서비스에 쉽게 접근할 수 있게 함.
- ▨ **차량 통행 제한과 공공 교통 강화:** 에이징 인 플레이스는 교통 혼잡과 불편함이 노인들에게 미치는 부정적인 영향을 고려해야 함. 자가용 이용보다는 대중교통을 개선하여 고령자가 안전하고 편리하게 이동할 수 있도록 해야 함.
- ▨ **높은 녹지율과 잘 연결된 공원:** 도시 디자인은 노인들이 행복한 노후를 보낼 수 있도록 다양한 크기와 유형의 공원과 휴식 공간을 조화롭게 조성해야 함. 이는 건강한 활동을 촉진하고 심리적 안정을 제공하여 노인들의 삶의 질을 향상시킬 것임.
- ▨ **사회 상호작용을 고려한 도시 환경:** 에이징 인 플레이스는 사회적 상호작용의 중요성을 강조하고 있음. 따라서 에이징 인 플레이스는 안전하고 활기찬 공간을 조성하여 이를

촉진해야 함. 노인들을 위한 모임 장소, 문화 행사, 커뮤니티 활동 등을 마련하여 다양한 사회적 상호작용의 기회를 제공해야 함.

▨ **자원 재분배와 사회적 불평등 해소:** 에이징 인 플레이스는 자원을 공평하게 재분배하여 노인과 사회적 약자 모두가 혜택을 고르게 누릴 수 있도록 해야 함. 이를 위한 자원 재분배 정책이 필요하며, 모든 계층과 노인들에게 적합한 서비스와 지원을 제공할 수 있도록 해야 함.

에이징 인 플레이스 관점에서 행복도시를 살펴보면, 행복도시는 노인들이 필요한 도시디자인 요소를 반영해야 한다. 이를 통해 지속 가능하고 행복한 노년을 보낼 수 있도록 도시를 조성해야 한다. 이는 노인들이 활기차고 행복한 노후를 보낼 수 있도록 도울 것이다.

2

건강도시

1) 건강도시: 도시계획적 관점의 중요성

건강도시는 WHO가 제시한 건강 증진을 목표로, 도시 전반의 생활환경, 사회 구조, 건축물 구조 등을 고려해야 한다. 도시계획은 도시환경 특성이 건강에 미치는 영향을 검토하며, 도시민의 신체적, 정신적, 사회적 건강을 종합적으로 향상시키는 것을 목표로 한다.

도시계획은 주거, 교통, 녹지, 환경 등 다양한 영역에서 이루어진다. 건강도시는 이러한 영역을 조화롭게 발전시켜 도시민의 건강에 긍정적인 영향을 미친다. 예를 들어, 주거 환경의 안전성, 교통 환경 개선, 공원과 녹지 확충은 건강도시를 위한 중요한 과제다.

건강도시는 개인의 건강 개선뿐만 아니라, 지역사회 차원에서의 건강 증진을 목표로 한다. 이는 도시 전반의 사회적 건강 결정 요인들을 개선하고, 공공정책을 통해 건강하게 만드는 과정을 의미한다.

WHO의 건강도시 프로젝트는 도시가 건강 증진에서 중추적인 역할을 하도록 하며, 다양한 건강문제에 대응한다. 이는 도시민들이 직접 참여할 수 있는 환경을 조성하는 데 초점을 둔다.

지방정부는 건강도시의 성공에 있어서 핵심적인 역할을 담당한다.

- ▨ **건강 문제에 대한 인식 증진**: 도시 전반에서 건강 문제를 인식하고, 이를 해결하기 위한 인프라를 구축함.
- ▨ **지역사회의 참여 도모**: 시민이 정책과 계획에 참여하여 건강한 변화를 이끌어낼 수 있도록 지원함.
- ▨ **다양한 요소 간 협력 촉진**: 도시를 구성하는 다양한 요소 간 협력을 강화하여 정책의 효과를 극대화해야 함.
- ▨ **비전 실현**: 건강도시의 비전을 구체화하여 실질적인 변화를 이끎.

건강도시는 도시계획의 여러 측면을 종합적으로 고려하여 건강한 환경을 조성하는 것을 목표로 한다. 이는 도시계획의 혁신을 통해 이루어진다. 도시 정부의 리더십과 지역사회의 참여는 건강도시 성공의 핵심 요소로, 이를 통해 모든 도시민이 더 행복하고 건강한 생활을 할 수 있는 환경을 만들 수 있다.

2) 건강도시와 에이징 인 플레이스

① 에이징 인 플레이스 관점에서의 고령사회 건강도시의 필요성

고령사회에서 건강 문제는 그 어느 때보다 중요한 고려사항이다. 특히, 에이징 인 플레이스는 고령사회에 적합한 건강도시의 필요성이 강조되어야 한다. 에이징 인 플레이스는 노인이 자신의 주거 환경에서 건강하게 노화할 수 있도록 지원하는 개념으로, 건강도시가 중요한 요소이다.

고령 인구의 건강 문제가 증가하는 상황에서, 건강도시는 에이징 인 플레이스를 중심으로 고령사회에 적합한 건강 정책을 마련할 수 있다. 이는 노인뿐만 아니라 모든 사회 구성원이 건강한 삶을 유지할 수 있도록 도시 환경을 조성하는 것이 필수적이다.

노인 인구 비율은 지속적으로 증가하고 있으며, 특히 여성 노인의 비중이 크다. 여성 노인은 남성보다 평균 수명이 길어, 노인 문제는 점차 여성 노인을 중심으로 대두할 가능성이 크다. 이에 따라 건강도시는 여성 노인의 특성을 고려한 건강 정책이 마련되어야 한다.

에이징 인 플레이스는 노인이 자연스럽게 노화에 대처하며 독립적인 생활을 할 수 있도록 돕는 개념이다. 건강도시는 이러한 에이징 인 플레이스를 실현하기 위해 다음과 같은 건강 정책과 도시계획이 필요하다.

- **노인 친화적인 환경 조성**: 공공시설, 교통시설, 주거 환경을 노인들에게 적합한 형태로 개선.
- **건강한 노후 생활 지원**: 노인들의 건강 증진과 독립성을 유지하기 위한 서비스 제공.

국민건강증진종합계획(2010)은 에이징 인 플레이스를 기반으로 건강도시를 조성하고, 노인의 건강 행태 개선에 중점을 두어야 한다. 특히 여성 노인을 위한 건강도시 정책을 강화하여, 여성 노인들이 사회적으로 참여하고 건강한 라이프스타일을 즐길 수 있는 환경을 마련해야 한다.

② 건강도시와 도시계획: 더 나은 미래를 위한 필요성

최근 지역 간 건강 차이가 더욱 중요해지고 있다. 건강 인프라는 충분한 지역과 부족한 지역 간의 격차가 두드러지며, 이를 해소하고 모든 사회 구성원의 건강을 보장하기 위해 도시계획은 새로운 접근이 필요하다.

이런 상황에서 건강도시는 중요한 역할을 할 수 있다. 건강도시는 도시계획 측면에서 지역사회의 건강한 삶을 촉진하는 방안으로 아래와 같이 다양한 도시디자인을 반영해야 한다.

앞으로 건강도시는 의료시설과 서비스의 접근성을 고려한 도시 구조 설계가 필요하다. 건강도시는 의료시설이 효과적으로 분포되어 시민들이 거주지에서 쉽게 이용할 수 있도록 돕는다. 또한, 자전거 도로, 산책로, 공원 등 활동적인 인프라를 조성하여 시민들이 활발한 생활을 유지하도록 지원해야 한다.

뿐만 아니라, 교육과 일자리 기회의 평등을 고려한 도시계획도 중요하다. 건강은 의료 서비스뿐만 아니라 교육과 경제적 안정에서도 큰 영향을 받는다. 따라서 건강도시는 교육 제도의 혁신과 일자리 창출을 통해 지역 내 사회적 불평등을 최소화하는 방향으로 발전해야 한다.

이러한 도시계획적 노력을 통해 건강도시는 도시의 물리적, 경제적, 사회적 품질을 향상시키며 시민들의 건강을 지원한다. 지역 간 건강 격차를 줄이기 위해, 건강도시는 종합적으로 건강을 고려한 방향으로 발전하는 것이 필수적이다. 이는 도시계획에서 새로운 시각과 노력이 필요함을 시사한다.

3

사회적 유대관계

1) 이웃과의 유대관계

에이징 인 플레이스의 이웃 간 유대 관계는 노인들이 건강하고 풍요로운 삶을 누릴 수 있도록 돕는 중요한 자원이다. 이는 물리적 환경과 긴밀하게 연관되어 있으며, 근린 생활권에서 이를 효과적으로 활용하여 노인들의 삶의 질을 향상시키기 위해 몇 가지 관점을 고려해야 한다.

에이징 인 플레이스는 가족과 이웃 간의 관계에서 시작된다. 노인들이 거주하는 지역에서 이웃들과의 교류와 신뢰가 높아진다면, 노인들은 도움과 지원을 편안하게 받을 수 있다. 이는 사회적 고립을 방지하고 삶의 질을 높이는 데 중요한 역할을 한다.

또한, 사회 활동 참여를 촉진하기 위해 마을 주변에 노인들이 참여할 수 있는 활동 공간을 마련하는 것이 중요하다.

▨ 활동 공간: 도시공원, 문화센터, 체육시설 등의 인프라를 구축해야 함.

▨ 목적: 노인들이 서로 교류하며 이웃 간 유대 관계를 형성하고, 지역사회의 활동성을 높여야 함.

고령자를 위한 도시계획은 지역사회 구성원들의 행동을 결집하도록 촉진해야 한다. 노인들이 함께 참여함으로써 공동체의 목소리를 강화하고, 주거 환경 개선을 위한 요구를 효과적으로 전달할 수 있다. 이는 노인들이 안전하고 건강한 환경에서 더 오래 거주할 수 있도록 돕는다.

도시계획에서는 노인의 건강을 촉진할 수 있는 다양한 시설과 서비스를 제공해야 한다. 의료 시설, 물리적 활동 공간, 건강 상담 서비스 등의 접근성이 우선되어야 하며, 이러한 환경은 에이징 인 플레이스에서 건강한 노후 생활을 지원하는 데 필수적인 요소이다.

2) 이웃 간 유대관계와 노인: 삶의 질과 관계망의 중요성

이웃 간 유대 관계는 노인들의 삶에서 중요한 역할을 한다. 현대 사회에서 노인들의 삶은 변화하고 있으며, 이에 따라 유대 관계의 의미는 더욱 커지고 있다.

고령층은 고독과 자살 위험이 크다. 이웃 간 유대 관계는 노인의 고독을 줄이고 자살 위험을 예방하는 데 중요한 역할을 한다.

- ▨ 동거 비율 감소와 독거노인 증가: 이는 노인들의 사회적 관계 축소를 초래하며, 우울증과 스트레스 등 정신 건강 문제로 이어질 수 있음.
- ▨ 사회 연결망의 중요성: 노인의 사회적 연결망이 축소되면 질병과 장애의 위험이 커짐. 가족뿐만 아니라 이웃과의 지속적인 소통은 건강한 유대 관계를 형성하고, 노인들에게 삶의 의미와 참여 기회를 제공함.

앞으로 노인들에게 이웃의 도움과 지원은 경제적 안정과 건강을 유지하는 데 더욱 중요해질 것이다.

- ▨ 경제적 안정과 건강: 경제적으로 안정된 이웃이 있을 경우,

노인이 질병을 겪은 후에도 높은 생존율이 높음.

▨ 상호 지원: 이웃 간의 상호 지원은 노인이 건강을 유지하는 데 중요한 역할을 함.

베이비붐 세대의 은퇴가 시작되면서, 노인의 여유 시간 활용이 중요한 문제로 떠오르고 있다.

▨ 활동 공간과 프로그램 제공: 노인은 다른 연령층에 비해 상대적으로 시간이 여유롭기 때문에, 도시계획에서는 이들을 위한 활동 공간과 프로그램을 마련해야 함.

노인들이 지역사회와의 교류를 강화하는 것은 매우 중요하다.

▨ 교류 기회 확대: 도시계획은 지역사회를 활성화하여 노인들이 이웃들과 교류하고 상호작용할 기회를 제공해야 함.

▨ 건강한 유대 관계 형성: 에이징 인 플레이스는 노인들이 건강한 이웃 관계를 형성하고, 지역사회에 자연스럽게 통합되도록 도움이 됨.

물리적 환경은 노인들의 상호 교류에 큰 영향을 미친다.

▨ 교류 패턴: 고령자는 주로 같은 동네의 이웃들과 가장 많이 교류하며, 이는 거주 지역의 물리적 환경이 교류에 중요한 영향을 미치는 것을 보여줌.

▨ 도시계획의 역할: 도시계획은 노인들의 교류를 촉진하는 물리적 환경을 조성해야 함.

앞으로 지역사회와의 신뢰와 네트워크는 노인들과 더욱 깊게 연결될 것이다.

▨ 도시계획의 고려사항: 도시계획은 노인들의 삶의 질을 향상시키고, 지역사회와의 교류를 촉진하여 건강하고 지속 가능한 유대 관계를 형성할 수 있도록 해야 함.

이웃 간 유대 관계는 노인이 고독과 정신적 문제를 극복하고 건강하고 행복한 삶을 유지하는 데 핵심적인 역할을 한다. 도시계획은 물리적 환경과 사회적 연결망을 강화하여, 노인이 지역사회에 활발히 참여하고 상호작용할 수 있는 환경을 조성해야 한다. 이는 노인의 삶의 질을 향상시키고, 지속 가능한 공동체 형성에 중요한 기여를 할 것이다.

3) 사회적 연대와 고령친화형 도시환경

① 사회적 연대 강화

노인들을 위한 도시계획은 사회적 기회를 증진하고 고령 친화적 환경을 조성하여 삶의 질을 향상시키는 데 중점을 두어야 한다. 구멍가게, 식당, 공원과 같은 편의시설의 배치는 노인들이 소통하고 새로운 관계를 형성할 기회를 제공하는 데 중요한 역할을 한다.

첫째, 지역사회에 구멍가게와 같은 소소한 공간을 마련함으로써, 노인들은 편안하게 모여 다양한 활동에 참여할 수 있다.

- ▨ 사회적 상호작용 촉진: 구멍가게는 노인들이 새로운 친구를 사귀거나 이웃들과 소통할 수 있는 좋은 기회를 제공함.
- ▨ 공동체 강화: 장소는 지역공동체와 사회적 연대를 강화하는 데 중요한 역할을 함.

둘째, 식당은 단순히 음식을 즐기는 공간을 넘어 세대 간 소통과 문화 교류를 촉진하는 중요한 역할을 한다.

▨ **즐거운 교류의 공간**: 노인은 맛있는 음식을 함께 나누며 즐거운 시간을 보낼 수 있음.

▨ **다양성 체험**: 식당은 지역사회의 다양성을 경험하고 이해할 수 있는 기회를 제공함.

셋째, 공원과 같은 오픈 스페이스는 노인들에게 다양한 활동을 할 수 있는 공간을 제공한다.

▨ **건강 유지**: 산책, 운동, 문화 행사 참여 등 다양한 활동을 통해 신체 건강을 유지할 수 있음.

▨ **사회적 네트워크 확장**: 공원은 노인들이 다양한 사람들과 소통하고 사회적 네트워크를 확장할 수 있는 공간임.

넷째, 사회적 기회가 근접한 지역에 있을수록 노인들의 사회 참여가 증가한다.

▨ **도시계획의 중점**: 도시계획은 노인들이 활발히 소통하고 참여할 수 있도록 환경을 조성해야 함.

▨ **활기찬 사회생활 지원**: 고령자가 지역사회에서 활발히 활동하고 즐거운 사회생활을 할 수 있어야 함.

도시계획은 노인들이 지역사회에서 원활히 소통하고 참여할 수 있도록 해야 한다. 구멍가게, 식당, 공원과 같은 장소를 활용해 사회적 기회를 증진하고, 노인들이 활기찬 사회생활을 즐기며 삶의 질을 향상시킬 수 있도록 지원해야 한다.

② 길과 광장의 중요성

도시의 물리적 구조는 노인의 사회적 유대 형성에 큰 영향을 미친다. 특히 거리와 광장은 소통과 교류를 돕는 중요한 공간이다. 이에 따라 도시계획 전문가는 동네 중심에 노인이 활동할 수 있는 환경을 조성하고, 광장이나 상업 지구 주변에 자연스러운 교류 공간을 마련해야 한다.

도시의 거리 구조는 노인의 이동과 상호작용 기회를 결정하는 핵심 요소다.

▨ **효율적인 설계와 유지**: 보행로와 자전거 도로를 효율적으로 설계·관리하면 노인의 이동이 편리해지고 지역사회와의 연결이 강화됨.

▨ **안전성과 편의성**: 거리 설계는 노인의 안전하고 편리한 이동을 지원해 상호작용과 소통을 촉진해야 함.

광장은 노인이 모여 활동하고 소통할 수 있는 중심 역할을 한다.

- ▨ 만남의 장: 적절히 조성된 공공 광장은 자연스럽게 노인의 모임 장소가 되어 다양한 활동을 가능하게 함.
- ▨ 다양한 시설: 광장 주변에 카페, 상점, 공예 작업실 등을 마련하면 노인의 교류를 촉진하고 지역 경제에도 기여할 수 있음.

도시계획의 변화는 노인의 사회적 연대를 강화하고 지역사회 참여를 촉진한다.

- ▨ 거리와 광장의 활용: 거리와 광장은 노인의 풍요로운 사회적 삶을 지원하는 중요한 공간으로 기능함.
- ▨ 지역사회 활력: 이런 공간은 노인뿐 아니라 모든 지역 구성원에게 긍정적인 영향을 줌.

거리와 광장은 노인의 사회적 유대 형성과 지역사회 참여를 돕는 중요한 공간이다. 도시계획에서는 이러한 공간을 적극적으로 활용하여 노인이 소통하고 활동할 수 있는 환경을 만들어야 한다.

③ 물리적 접근성을 고려한 구조

도시의 거리 폭, 건물의 접근성, 그리고 광장의 크기와 형태는 노인의 사회적 연대 형성에 중요한 영향을 미친다. 도시계획에서 이러한 요소를 신중히 설계하는 것은 노인 친화적 환경을 조성하는 데 필수적이다.

거리의 폭은 노인이 안전하고 편리하게 이동하며 소통할 수 있는 환경을 조성하는 핵심사항이다. 충분한 폭을 갖춘 거리는 이동이 불편한 노인들에게도 활동의 기회를 제공해 사회적 연대를 촉진한다.

건물의 입구와 접근성은 노인이 독립적으로 건물에 출입하고 활동에 참여할 수 있는지를 결정한다. 노인 친화적인 설계를 통해 접근성을 높이면 노인의 자립성과 참여 기회를 확대할 수 있다.

광장의 크기와 형태는 노인들이 모여 활동할 수 있는 공간으로서 중요한 역할을 한다. 적절히 설계된 광장은 자연스럽게 만남과 소통의 장을 형성하며, 이는 지역사회에서의 사회적 상호작용과 노인의 삶의 질 향상에 이바지한다.

도시의 물리적 구조(거리의 폭, 건물의 접근성, 광장의 크기와 형태)는 노인의 사회적 연대에 큰 영향을 미친다. 이 때문에 도시계획 전문가는 노인 친화적 설계의 중요성을 강조하고 있으며, 실질적인 지침을 마련하고 있다.

따라서 도시계획가는 거리, 건물 입구, 광장 등 물리적 구조를 신중히 설계해 노인이 활발히 참여하고 소통할 수 있는 환경을 만들어야 한다. 이러한 계획은 노인의 삶의 질을 높이고, 포괄적이며 지속 가능한 도시 환경 조성에 기여해야 한다.

④ 사회적 관계와 건강한 라이프 스타일

사회적 관계와 건강한 라이프스타일은 노인이 익숙한 지역에서 안정적으로 생활하는 데 필수적이다. 걷기 좋은 환경, 노인 친화적인 공원, 그리고 주거 환경의 접근성은 노인의 교류와 활동을 지원하며, 건강과 사회적 연대를 유지하는 데 기여한다.

걷기 좋은 환경은 노인이 지역사회를 다니면서, 소통할 기회를 제공한다. 다음과 같은 역할이 기대된다.

- 보행로와 자전거 도로: 효율적인 설계는 노인의 안전한 이동과 다양한 활동 참여를 도와줌.
- 상호작용 촉진: 이러한 환경은 지역사회의 교류를 활성화해 노인의 사회생활을 풍요롭게 함.

노인 친화적인 공원은 자연 속에서 활동과 휴식을 즐길 수 있는 장소로, 노인들이 모이고 소통하는 중심지 역할을 한다.

- ▨ 적절한 편의시설: 노인 친화적 설계는 다양한 활동을 가능하게 하며 연대감을 강화함.
- ▨ 사회적 결속 강화: 공원은 노인들이 자연스럽게 교류하고 지역사회의 유대를 촉진하는 공간을 제공함.

주거 환경의 접근성은 노인이 공공시설과 서비스를 편리하게 이용할 수 있도록 보장해야 한다.

- ▨ 가까운 편의시설: 상점 시설, 의료 시설, 문화시설이 가까이에 있으면 일상생활이 편리해지고 교류가 활성화됨.
- ▨ 교류 기회 확대: 접근성 개선은 지역 내 노인 간 상호작용을 자연스럽게 촉진함.

도시계획은 걷기 좋은 환경, 노인 친화적인 공원, 주거 환경의 접근성 개선에 중점을 둬야 한다. 노인의 요구를 반영한 환경 개선은 건강한 라이프스타일과 활발한 교류를 지원하며, 사회적 연대와 지속 가능한 지역사회를 만드는 데 이바지한다.

4) 사회적 연대와 건강

사회적 연대는 노인이 익숙한 지역에서 안정적이고 건강한 삶을 유지하는 데 핵심적인 역할을 한다. 지역 내에서 형성된 사회적 관계는 노인 간 소통과 상호작용을 가능하게 하며, 이는 노인의 사회적 참여를 지원하는 중요한 기반이 된다. 이러한 네트워크는 지역 공동체 기반 단체(CBOs)와 시민 참여 프로그램을 통해 강화될 수 있다. 이는 노인이 도시에서 생활하며 필요한 지원 체계를 구축하는 데 기여한다.

사회적 관계는 노인의 건강뿐만 아니라 지역사회의 전반적인 건강에도 영향을 미친다. 특히 빈곤 지역에서 발생하는 사회적 문제는 노인의 삶의 질과 건강에 부정적인 영향을 미치며, 도시 전반의 건강에도 악영향을 줄 수 있다. 따라서 도시계획은 사회적 고립을 예방하고 노인의 사회적 통합을 촉진해야 하며, 이는 건강한 도시를 만들기 위한 필수 과제이다.

CBOs는 노인 간 신뢰와 협력을 바탕으로 마을 단위에서 건강 증진 프로그램을 구축할 수 있다. 이와 같은 관점에서 사회자본은 개인과 지역사회 모두의 건강에 복합적으로 영향을 미친다. 이는 도시계획과 건강정책의 수립 과정에서 매우 유용하며, 사회적 네트워크와 신뢰를 증진시키는 방향으로 개입이 이루어져야 한다.

건강한 도시를 조성하려면 도시계획 전문가, 정책 결정자, 지역사회 리더가 협력해 노인의 건강과 사회적 참여를 활성화해야 한다. 이를 통해 안전하고 포용적인 도시 환경을 구축하고 지역사회의 결속력을 강화할 수 있다.

4

돌봄 경제

1) 돌봄 경제란

최근 돌봄 경제는 혁신적으로 변화하며 그 범위가 확대되고 있다. 과거에는 건강한 사람에게 돌봄이 크게 필요하지 않았지만, 오늘날에는 누구나 돌봄을 주고받는 일이 일상이 되었다. 이는 기술과 사회의 발전으로 돌봄의 의미와 형태가 확장된 결과이며, 사람 간의 소외와 다양한 요구가 증가한 점도 그 배경이 된다.

돌봄의 개념이 넓어지면서 유형도 다양해졌다. 단순히 신체적 어려움을 돕는 것을 넘어, 정서적 지지와 인간관계를 포함하는 배려와 관계 중심의 돌봄이 중요해졌다. 이러한 변화는 개인과 가족을 넘어 지역사회의 공동체 역할을 강조하고 있다. 예를 들어, 길 잃은 미아를 보호하는 편의점 제도는 지역 공동체가 사회적 연대를 통해 돌봄을 제공하는 새로운 사례라 할 수 있다.

기술의 발전은 돌봄 경제에 혁신을 가져왔다. 언택트 돌봄 서비스는 온라인 플랫폼과 스마트 기기를 통해 시간과 공간의 제약을 극복하며, 돌봄의 방식을 진화시키고 있다. 이는 돌봄 경제가 4차 산업혁명 시대의 기술 진보와 함께 발전하고 있음을 보여준다.

앞으로 돌봄 경제는 기술의 고도화와 함께 윤리적 문제, 신뢰와 연결 강화 등의 과제에 직면할 것이다. 이러한 도전 속에서도 돌봄 경제는 변화에 적응하며 사회적 책임을 다하고, 미래 사회의 요구에 부응해야 한다. 돌봄 경제는 단순히 확장된 개념을 넘어, 사회 전반에 양적·질적으로 더 큰 영향을 미치는 핵심 분야로 자리 잡을 것이다.

2) 배려 돌봄과 에이징 인 플레이스

우리 사회의 발전 수준은 사회적 약자를 얼마나 보살피는지에 달려 있다. 과거 빈곤국이었던 우리나라는 경제 성장을 이루며 복지 국가로 발돋움했고, 사회적 약자에 대한 배려를 확대하고 있다. 이러한 노력은 배려 돌봄이라는 개념으로 발전해 왔다.

배려 돌봄은 주로 노인과 아이를 대상으로 한 신체적 돌봄에서 시작되었으나, 저출산·고령화 사회로 접어들면서 더 넓은 범위를 포함하게 되었다. 노인 돌봄의 양적 수요는 증가하고, 아동 돌봄에서는 질적인 지원이 강조되고 있다. 또한, 일시적 간호 수요도 증가하면서 돌봄의 사회화와 4차 산업혁명 기술의 접목이 요구되고 있다.

최근 주목받는 분야는 돌봄 인력을 연결하는 서비스다. 트렌드 코리아 2024에 따르면, 고령화와 디지털 기술 확산으로 방문 요양 서비스를 제공하는 스타트업들이 성장하고 있다. 예를 들어, '케어링'은 디지털 전환을 통해 약 1,000억 원 이상의 가치를 인정받았고, '케어닥'은 주거 환경과 정서 관리 중심의 서비스를 제공하며 빠르게 성장하고 있다.

재무 관리에서도 돌봄 서비스를 제공하는 핀테크 기업들이 등장하고 있다. '트루링크'는 노인들의 지출 관리를 지원하는 서비스를 통해 금융 사기를 방지하면서 경제적 자유를 보장하고 있다. 이러한 서비스는 돌봄의 새로운 가능성을 보여준다.

기술 혁신은 돌봄 분야를 더욱 발전시키고 있다. 일본에서는 신체 움직임이 제한된 고령자와 장애인을 위한 기술 제품이 삶의 질을 크게 개선하고 있으며, 존엄성을 고려한 혁신적인 솔루션을 제공하고 있다.

전문 돌봄 인력의 역량 강화도 중요한 과제로 떠오르고 있다. 서울시는 '제2기 요양보호사 처우개선 종합계획'을 통해 돌봄 종사자들에게 신기술 교육을 의무화하며, 기술 도입과 적응 능력을 높이는 데 주력하고 있다.

끝으로, 에이징 인 플레이스는 배려 돌봄의 기술 혁신과 전문 인력 교육을 통해 저성장 사회에서 사회적 약자를 지원하는 새로운 패러다임을 제시하고 있다.

3) 정서 돌봄과 에이징 인 플레이스

정서 돌봄은 마음의 건강을 중시하며, 최근 그 필요성이 크게 부각되고 있다. 건강보험심사평가원의 통계에 따르면 우울증과 불안 장애가 증가하고 있다. 이는 젊은 층과 고령자 모두에게 중요한 문제로 대두하고 있다. 특히, 은퇴와 자녀 독립 이후의 정서적 소속감 부족은 고령자의 정신 건강에 큰 영향을 미친다. 이러한 배경에서 고령자를 위한 정서 돌봄 시장은 더욱 주목받고 있다.

대교그룹의 '대교뉴이프' 서비스는 고령자 맞춤형 지원을 제공하며, 주간 보호센터('노치원')는 낮 동안 노인들에게 즐거움을 제공하고 가족들이 일상 활동을 지속할 수 있도록 돕고 있다.

AI 기술과 로봇도 정서 돌봄에서 중요한 역할을 하고 있다. SKT의 'NUGU' 스피커는 감정 상태를 감지해 심리 상담을 제공하거나 관련 서비스로 연결하며 고독감을 해소한다. '효돌이'와 '효순이' 같은 돌봄 로봇은 어르신들과 소통하며 정서적 안정과 고독감 해소에 기여한다.

정서 돌봄의 사례는 은둔 청소년을 위한 방 정리 서비스가 있다. 광주광역시의 '은둔형 외톨이 지원센터'는 방 정리를 통해 청소년들에게 효능감을 심어주며 치유를 지원한다. 또한, 발달 장애인을 위한 스마트 조끼 '허기(HUGgy)'는 압력을 통해 안정감을 제공하고 생체 정보를 모니터링해 적절한 서비스를 제공한다.

이러한 정서 돌봄 서비스는 삶의 질을 향상시키며, 기술과 전문성이 결합한 미래 돌봄 서비스의 새로운 기준을 제시하고 있다. 향후 정서 돌봄은 더욱 포괄적이고 효과적인 형태로 발전해 돌봄의 미래를 밝힐 것으로 기대된다.

4) 관계 돌봄과 에이징 인 플레이스

에이징 인 플레이스에서 관계 돌봄은 노인들의 품격 있는 삶을 지원하며, 새로운 사회적 관계 형성을 통해 점점 더 중요성이 부각되고 있다. 현대 사회에서 인간관계의 중요성이 강조되며, 관계 돌봄은 지역사회 유대를 강화하는 중요한 모델로 자리 잡고 있다.

관계 돌봄의 사례는 다음과 같다. 우선, 마을 카페 프로젝트는 지역 소상공인과 노인 간의 상호작용을 통해 유대감을 형성하는 모델이다. 지역 소상공인은 자신의 가게를 노인들이 편히 쉴 수 있는 마을 카페로 개조하여, 노인들에게 휴식 공간과 지역 주민들과의 소통 기회를 제공하고 있다. 이는 지역사회와 경제 활성화에 기여하는 성공적인 사례로 평가받는다.

대표적인 디지털 기술과 관계 돌봄의 사례는 당근마켓이다. 당근마켓은 지역 주민 간 자연스러운 관계 형성을 돕는 플랫폼으로, 이웃 간의 소통과 상호 도움을 촉진한다. '노인과 함께하는 산책 앱'은 노인들이 산책 동료를 찾고 소통할 기회를 제공하여, 노인의 사회적 참여를 활성화하고 있다. 이러한 디지털 기술은 관계 돌봄을 지원하며 지역사회와 상호 보완적으로 작용하고 있다.

기업과 지역사회에서의 관계 돌봄의 사례는 다음과 같다. 매일유업의 '우유 안부' 캠페인은 배달된 우유를 통해 가구의 안전 여부를 판단하고, 지역사회 참여를 촉진하는 대표적 사례다. 편의점 CU는 위급 상황에서 도움을 요청할 수 있는 신고 버튼을 설치해 관계 돌봄의 등대 역할을 하고 있다. 부산 '산복빨래방'은 세탁 공간을 넘어 주민들이 교류하며 유대를 강화하는 장소로 주목받고 있다.

기업의 조직 내 관계 돌봄의 원칙은 다음과 같다. 기업들은 임직원의 심리적 안정과 삶의 질을 높이기 위해 상담 프로그램, 힐링 트립, 사내 상담센터 등을 운영하고 있다. 이러한 프로그램은 업무와 개인 삶의 균형을 고려한 전문적인 관계 돌봄 체계로, 직원들의 안정감을 강화한다.

끝으로, 미래 관계 돌봄의 방향은 다음과 같다. 관계 돌봄은 사회적 기업과 지역사회의 협력을 통해 지속 가능성을 확장하고 있다. 다양한 돌봄 모델과 디지털 기술의 융합은 고령사회에서 노인의 삶의 질을 높이는 데 기여할 것이다. 이러한 접근 방식은 상호작용과 상생을 기반으로 에이징 인 플레이스를 실현하는 중요한 지표가 될 것으로 기대된다.

5) 돌봄 경제: 고령사회의 새로운 동력

돌봄은 개인과 가정을 넘어 국가와 사회의 정책으로 확대되며, 경제적으로도 중요한 의미를 갖게 되었다. 이는 복지 차원을 넘어 GDP를 비롯한 경제 성장의 핵심 동력으로 부상하고 있으며, '돌봄 경제(Care Economy)'라는 개념으로 표현된다.

돌봄 경제는 저성장 시대에 새로운 가치와 성장의 기반으로 자리 잡았다. 특히, 노인 돌봄과 어린이 돌봄 서비스는 사회적 안정성과 일자리 창출에 기여하며, 정부와 기업의 지원은 경제 활성화를 더욱 촉진한다.

앞으로 돌봄 경제는 가족을 넘어 친구, 이웃, 동료 등 다양한 관계로 확대될 전망이다. 이러한 변화는 상호 돌봄 문화를 확산시키고, 사회적 유대감을 증진하는 데 기여할 것이다.

디지털 기술의 융합은 돌봄 경제를 더욱 발전시킬 것이다. 인공지능, 로봇 공학, 의료 기술은 돌봄의 새로운 시장과 서비스를 창출하며, 돌봄 서비스 제공자의 교육과 전문성 강화가 더욱 중요해지고 있다. 전문적인 돌봄 서비스는 산업 수준을 높이고, 더 나은 품질의 서비스를 제공한다.

돌봄 경제는 지역사회 기반의 서비스 확대를 통해 사회적 연대와 참여를 유도한다. 이웃 간 상호 돌봄 문화를 촉진하며, 지역사회 유대감을 강화하는 데 효과적이다. 끝으로, 돌봄 경제는 상호 연대와 경제적 활성화를 통해 미래 사회를 구축하는 중요한 동력으로 자리 잡고 있다.

6) 실버 경제와 돌봄 경제

실버 경제와 돌봄 경제는 노인 인구 증가와 고령화 사회의 도래로 더욱 중요성이 부각되고 있다. 실버 경제는 미래 경제의 핵심 구성 요소로 자리 잡았으며, 돌봄 경제는 노인의 삶의 질을 향상시키는 필수적인 요소로 주목받고 있다.

① 실버 경제 관점

실버 경제는 노인의 소비 변화와 기술 혁신, 그리고 일자리 창출을 포함한다. 우리나라 베이비붐 세대는 높은 부를 기반으로 여가, 여행, 문화 활동 등에서 높은 소비를 보일 것으로 기대된다. 또한, 제론테크놀로지와 같은 기술은 노인들의 요구를 충족시키는 핵심 기술로 부상하고 있다. 노인의 건강과 복지를 중점으로 하는 산업 확대는 새로운 직업 창출로 이어지고 있다.

② 돌봄경제 관점

돌봄 경제는 고령화로 인해 증가하는 돌봄 서비스 수요에 대응한다. 노인의 자립성과 건강 유지를 위한 정부와 기업의 솔루션 투자가 중요하며, 간호인, 의료 전문가, 거주 시설 관리자 등 다양한 직업군이 늘어날 전망이다. 기술 혁신과 의료 서비스는 돌봄 경제를 발전시키는 중요한 요인으로 작용하고 있다.

③ 통합된 전망

실버 경제와 돌봄 경제는 상호 협력을 통해 노인의 요구에 특화된 맞춤형 서비스를 제공할 것이다. 지역사회 중심의 돌봄 서비스는 사회적 연대와 경제 활성화를 동시에 촉진한다. 헬스케어와 디지털 기술의 융합은 노인의 건강 관리와 삶의 질 향상에 기여하며, 기업은 친환경적이고 글로벌한 전략으로 노인 맞춤형 제품과 서비스를 개발해야 한다.

끝으로, 실버 경제와 돌봄 경제는 미래 경제의 형태를 좌우하는 중요한 요소다. 지속 가능한 정책과 혁신적인 서비스는 이러한 경제의 성공적인 발전을 위한 필수 조건이다.

5

지속 가능한 환경: ESG

1) ESG 개념

ESG는 Environmental(환경), Social(사회), Governance(지배구조)의 약자로, 기업과 투자 대상이 재무적 성과뿐 아니라 환경·사회·지배구조 측면에서 미치는 영향을 평가하는 개념이다. 과거 재무적 지표 중심의 투자 관행에서 벗어나, 기후변화와 사회적 문제에 대한 관심이 높아지며 ESG의 중요성이 더욱 강조되고 있다.

환경 측면에서는 기업이 환경 파괴를 최소화하고 친환경 경영을 실천하는지 평가한다. 이는 생태계를 보호하고 지속 가능성을 유지하기 위한 노력을 포함한다.

사회적 측면에서는 노동자 권익, 인권, 포용성, 평등, 지역 사회 기여 등을 평가한다. 이를 통해 기업은 사회적 책임을 다하고 지역사회와의 관계를 강화한다.

지배구조 측면에서는 경영 체계의 투명성과 윤리적 경영을 평가한다. 효과적인 지배구조는 기업의 지속 가능한 성장과 책임 있는 의사결정을 가능하게 한다.

ESG 평가는 투자자가 기업을 선택할 때 지속 가능성과 윤리적 경영을 고려하도록 돕는 중요한 기준이다. 이 개념은 기업뿐만 아니라 투자 기관과 정부, 지방정부로 확산하고 있다. 특히, 기후변화에 대한 관심이 높아지면서 기업들은 ESG를 통해 지속 가능한 경영을 추구하고 있으며, 일부 지방정부는 자체 ESG 지표를 개발해 활용하고 있다.

ESG는 과거 수익 중심의 관행에서 벗어나 기업과 투자의 사회적 책임을 강조하며 지속 가능한 발전을 촉진하는 중요한 척도로 자리 잡고 있다.

2) ESG와 에이징 인 플레이스

① ESG 경영과 에이징 인 플레이스

에이징 인 플레이스는 노인이 안정된 주거 환경에서 자연스럽게 노화 과정을 존중받으며 생활할 수 있는 개념이다. 도시계획에서는 ESG(환경, 사회, 지배구조) 원칙을 통합해 지속 가능하고 공정한 에이징 인 플레이스 환경을 조성할 수 있다.

에이징 인 플레이스의 환경(E) 부문은 도시계획이 친환경적인 주거 환경과 안전한 도시 환경 조성에 중점을 둬야 한다. 공원과 녹지 공간을 확보하고 지속 가능한 교통수단을 도입하는 등 환경 요소를 반영해야 한다. 도시 구조는 노인이 걷기 쉬운 보행로와 대중교통 접근성을 고려해 설계되어야 하며, 근린 주택의 안전성을 강화하고 치안 시설을 개선해 안정감을 제공해야 한다. 이는 고령화 사회의 안전 문제를 해결하는 데 기여한다.

ESG의 사회(S) 부문은 노인들의 지역사회 참여를 촉진하는 데 중점을 둔다. 이를 위해 도시계획은 노인의 의견을 반영한 참여 정책과 문화·교육 프로그램을 지원해야 한다. 커뮤니티 센터와 문화시설을 통해 노인들이 소통하고 활동할 수 있는 공간을 제공함으로써 사회적 고립을 줄이고 지역사회의 연대를 강화한다.

지배구조(G) 부문은 안전하고 지속 가능한 주거 환경을 위한 정부의 정책과 제도적 지원이 중요하다. 도시계획은 에너지 효율적인 주거 시설을 마련하고, 재활용과 폐기물 관리 강화 등 지속 가능한 환경 정책을 수립해야 한다. 또한, 투명한 의사결정 과정을 통해 노인의 의견을 반영하고, 도시 변화에 대한 참여 기회를 제공해야 한다. 이는 노인의 주거 안정성과 사회적 통합을 지원하는 기반이 된다.

도시계획은 ESG 원칙을 반영해 노인들에게 더 나은 환경과 삶의 질을 제공해야 한다. 지속 가능성과 사회적 공정성을 고려한 도시 환경은 노인들이 편안하고 안전한 노후 생활을 영위하도록 돕는 동시에, 지역사회의 결속력을 강화하는 데 기여할 것이다.

② ESG를 접목한 마을계획 사례

ESG는 현대 도시 공간 정책의 핵심 지표로, 구로구는 이를 기반으로 지속 가능한 도시 발전과 미래를 설계하고 있다.

환경(E) 측면의 구로구는 기후 위기와 탄소중립의 중요성을 인식하고, 친환경 정책을 통해 에너지 절약과 자원 활용을 강화하고 있다. 공원과 녹지 공간을 조성하고, 보행로와 대중교통을 고려한 도시 구조를 설계하여 자연 친화적 환경을 제공한다. 또한, 근린 주택의 안전성과 치안을 개선해 노인들에게 안정적인 생활환경을 보장하고 있다.

사회(S) 측면의 고령화와 저출산 등 인구 구조 변화에 대응하기 위해 주거 유형을 다양화하고 안전성을 강화하며, 지역사회 내 세대 간 상호작용을 촉진한다. 커뮤니티 센터와 문화시설을 활용해 주민 참여와 소통을 지원하며, 사회적 고립을 줄이고 결속력을 강화하고 있다.

지배구조(G) 측면의 민관 협력을 통해 투명하고 공정한 의사결정을 추진하고, 주민의 의견을 반영하여 지속 가능한 도시 정책을 실현하고 있다. 이를 통해 지역사회의 참여를 확대하고 ESG 기반 도시계획을 실행하고 있다.

구로구의 주요 ESG 정책은 도시 발전을 위한 ESG 관점의 핵심 과제로 다음을 제시하고 있다.

▨ 청년 인구와 생산 인구 감소 및 노인 인구 증가에 대한 대응

▨ 초고령사회 대비 근린 환경 개선

▨ 주거 복지와 연계된 돌봄 마을 조성

▨ 유휴 자원을 활용한 공동체 시설과 생활 SOC 구축

▨ 고령 친화적 생활환경과 안전한 보행로 설계

▨ 지역 특성을 반영한 정부와 민간 협력 정책 개발

미래를 향한 구로구의 노력은 고령화와 도시 쇠퇴에 대응하기 위해 초고령사회 특성에 맞춘 환경을 조성하고 있다. 구릉지형과 평지형 지역을 구분해 고령 친화도를 진단하고, 편의시설을 재배치하여 주민의 생활 편의성을 높이고 있다. 또한, 일본의 지역포괄케어시스템 사례를 참고해 지역 주민이 자발적으로 참여하는 지원 체계를 마련한 바 있다. 구로구의 사례는 지속 가능한 도시 발전과 모두가 살기 좋은 도시를 만들기 위해 ESG 원칙을 적용해 균형 잡힌 정책을 추진하고 있다.

―

에이징 인 플레이스를 위한 창조적 생각들

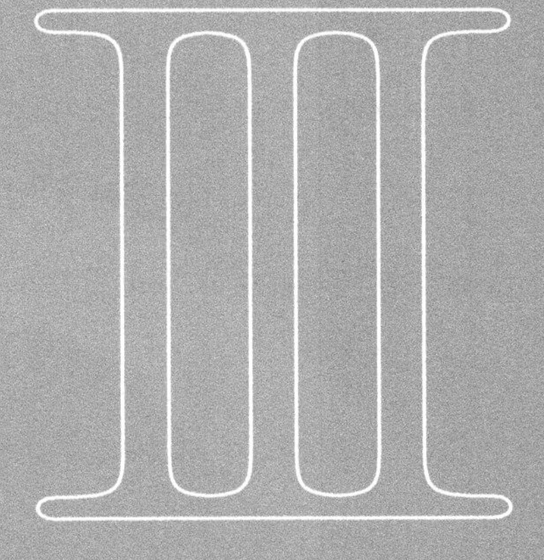

1

유니버설 디자인과 에이징 인 플레이스

1) 유니버설 디자인: 모두를 위한 평등한 디자인

유니버설 디자인은 나이, 인종, 장애 여부와 상관없이 모든 사람을 포용하는 디자인을 의미한다. 이는 무차별성, 평등, 인권 존중의 가치를 바탕으로 하며, 특정 계층이 아닌 모든 이용자를 대상으로 한다. 유니버설 디자인의 주요 원칙은 다음과 같다.

- 무차별성: 모든 사용자가 차별 없이 접근 가능하도록 해야 함.
- 평등: 누구나 동등한 기회를 누릴 수 있도록 설계해야 함.
- 인권 존중: 이용자의 권리와 존엄성을 최우선으로 고려해야 함.

유니버설 디자인은 건축, 정보 기술, 제품 및 가전 등 다양한 분야에서 모든 이용자가 사용할 수 있는 형태로 설계된다.

유니버설 디자인의 장점은 다음과 같다.

▨ 새로운 고객층 확보를 통해 시장을 확장해야 함.

▨ 계층 간 사회적 통합을 촉진해야 함.

▨ 장기적으로 비용을 절감할 수 있음.

유니버설 디자인은 현대 사회에서 필수적 가치로 자리 잡고 있으며, 더 나은 미래를 위한 핵심 설계 원칙으로 주목받고 있다.

2) 유니버설 디자인의 원리와 원칙: 에이징 인 플레이스 관점

유니버설 디자인의 원리와 원칙은 에이징 인 플레이스에서 더욱 중요하다. 에이징 인 플레이스는 노인들이 익숙한 주거 환경에서 안전하고 독립적으로 생활하도록 지원하는 개념이다.

① 주요 원리

에이징 인 플레이스에서 유니버설 디자인의 주요 원리는 다음과 같다.

▨ 지원성(Supportive): 주거 환경은 스마트 기술 등을 활용해 필요한 도움을 제공하고 불편을 최소화해야 함.

▨ 적용성(Adaptable): 노인의 다양한 이동성과 필요에 맞춰 조절 가능한 가구와 환경을 제공해야 함.

▨ 접근성(Accessible): 폭이 넓은 문, 낮은 카운터, 적절한 조명 등 노인의 사용 편의를 고려해야 함.

▨ 안전성(Safety): 노인 친화적인 가구 디자인과 미끄럼 방지 솔루션으로 안전한 환경을 조성해야 함.

② 7가지 원칙

유니버설 디자인의 7가지 원칙은 에이징 인 플레이스에서 다음과 같이 적용된다.

▨ 공평한 사용: 모든 노인이 동등하게 이용할 수 있도록 보조 기기와 편의시설을 도입해야 함. 에이징 인 플레이스는 노인의 신체적 특성에 맞춘 보조 기기와 편의시설을 도입하여 모든 노인이 동등한 사용 기회를 가질 수 있도록 해야 함.

▨ 사용의 유용성: 노인의 다양한 이동 방식과 요구를 반영해 편리하고 유용한 디자인을 제공해야 함.

- 간단하고 직관적인 사용: 고령자는 복잡한 디자인보다 간단하고 직관적인 디자인을 선호함. 에이징 인 플레이스는 복잡한 조작 없이 누구나 쉽게 사용할 수 있는 명확한 디자인을 구현해야 함.
- 인지 가능한 정보 제공: 노인과 장애인을 위해 시각과 청각 능력을 고려해 명확하고 쉬운 정보를 전달해야 함.
- 오류에 대한 허용성: 실수와 오류를 유연하게 수용하는 안전한 환경을 설계해야 함. 안전 문제를 고려하여 노인의 오류에 유연하게 대처할 수 있는 환경을 조성해야 함.
- 최소한의 물리적 노력: 노인은 물리적인 노력이 적게 드는 디자인을 선호함. 에이징 인 플레이스는 노인의 신체적 부담을 줄이는 디자인을 도입해야 함.
- 접근과 이용을 위한 적절한 크기와 공간 제공: 노인의 이동성과 조작성을 고려하여 적절한 크기와 공간을 제공함으로써 편의성을 극대화해야 함. 이동성과 조작성을 고려해 편리한 크기와 공간을 설계해야 함.

3) 유니버설 디자인과 고령친화형 상품

① 고령사회의 도전: 고령친화형 상품의 필요성

많은 국가에서 고령인구가 증가하면서, 고령사회에 대한 대비와 실버산업은 중요해지고 있다. 특히 우리나라는 고령자 인구의 급격한 증가와 베이비붐 세대의 은퇴로 고령친화형 상품의 수요가 높아지고 있다. 고령친화형 상품 개발의 주요 요소는 다음과 같다.

- ▨ **신체적 특성:** 고령자의 신체적 노화를 고려해 안전성을 최우선으로 한 디자인과 구조를 적용해야 함. 시각, 청각, 근력, 평형감각 등을 반영한 제품 설계로 모든 이용자가 사용할 수 있는 보편적 디자인이 필요함.
- ▨ **심리적 특성:** 인지력과 기억력 약화에 대응해 단순하고 직관적인 작동 방식이 중요함. 너무 복잡하거나 변화가 잦은 구조는 고령자들에게 부담이 될 수 있음.
- ▨ **사회적 특성:** 독거노인의 증가와 사회적 소외 문제를 고려해 소셜 디자인을 도입해야 함. 이는 경제력이나 가족 관계 변화에도 적응할 수 있는 상품 개발로 이어져야 함.
- ▨ **경제적 접근성:** 경제적 취약 계층을 위해 지불 가능한 가격과 공공성을 갖춘 제품을 개발해야 함. 이를 통해 사회적 격차를

줄이고 더 많은 고령자가 혜택을 누릴 수 있도록 해야 함.

고령친화형 상품은 노인의 삶의 질을 높이고 사회적 통합을 촉진해야 한다. 고령사회를 대비해 혁신적인 디자인과 서비스를 통해 고령자를 지원하며 함께 성장하는 사회로 나아가야 한다.

② 고령친화와 디자인의 만남: 혁신의 시작

고령자는 신체적 노화로 인해 일상에서 다양한 어려움을 겪고 있으며, 이에 대응하기 위해 적절한 디자인 개념이 필요하다. 그러므로 고령친화형 상품개발은 유니버설 디자인 원칙이 중요하게 적용된다.

노인의 신체적 특성이 다양하기 때문에, 거주 환경 점검 체크리스트를 활용해 개별 거주 환경을 분석하여 이에 적합한 안전하고 포용적인 상품을 설계해야 한다. 이러한 접근은 고령자의 신체적 변화를 반영해 유연하게 대응할 수 있는 디자인 개발을 가능하게 한다.

유니버설 디자인은 단순하고 직관적인 작동 원리를 갖춘 제품 설계에 효과적이다. 고령자들이 쉽게 사용할 수 있는 디자인은 다양한 연령층에서도 수요를 확보할 수 있어 지속 가능한 시장성을 보장한다. 고령자의 편의를 고려한 상품은 시장 확장과 사회적 통합에 기여한다.

사회적 약자를 포함한 유니버설 디자인 원칙을 적용하면, 다양한 연령층과 사회 구성원을 대상으로 시장성을 넓힐 수 있다. 「감자 필러」와 「토토 비데 웨시렛」은 초기에는 노인을 주요 대상으로 개발되었으나, 편리성과 안전성이 검증되면서 소비자층을 보편화한 성공 사례로 주목받고 있다.

고령자들이 편안하게 사용할 수 있는 설계된 유니버설 디자인은 사회적 가치를 창출하며 지속 가능한 발전에 기여할 것이다. 기업과 디자인은 이를 통해 더 나은 시장 기회를 확보하면서도 사회적 책임을 다할 수 있다.

③ 노인을 위한 공간, 유니버설 디자인의 사례

일상생활에 어려움을 겪는 노인을 위한 '서울형 치매전담실 디자인'은 노인의 특성을 고려한 대표적인 사례이다. 이 디자인은 공간 활용의 편의성과 안정성을 중점으로 노인이 편안하고 안정적으로 사용함을 목표로 한다.

서울형 치매전담실 디자인의 핵심은 도시 공간을 '집'과 유사하게 조성하는 데 있다. 공용 공간과 개인 공간의 분리는 노인 간의 친밀한 관계를 촉진한다. 즉, 넓은 1인 생활 공간, 공동 거실, 맞춤형 프로그램, 전문 요양 인력 배치 등으로 노인들에게 안정적인 환경을 제공한다. 이는 시립동부노인요양센터와 시립서부노인요양센터에 운영되고 있으며, 서울시는 이를 공공 요양시설 및 민간 영역으로 확대하고 있다.

서울시 중구는 유니버설 디자인을 활용해 지역 내 노인복지 시설을 개선하고 있다. 구립 경로당 23곳의 노후 상태와 이용 인원을 고려해 시설 개선 사업을 진행 중이며, 이를 위해 주민과 전문가의 참여를 독려하고 있다.

예를 들어, 경로당 입구는 경사로와 안전손잡이를 설치하고, 캐노피를 추가해 휠체어나 보행보조기 사용자들의 편의성을 높였다. 계단은 픽토그램 안내판, 안전손잡이, 미끄럼 방지 패드를 설치해 낙상 사고를 예방하며, 화장실은 내부 시설 전면 교체와 비상벨 설치로 위급 상황에 대비하고 있다.

삼화페인트는 노인복지시설을 위한 '컬러 유니버설 디자인 지침'을 개발했다. 이 지침은 652가지 색채와 사인 사용 기준을 제공해 노인의 시력과 인지력을 지원하며, 복지시설의 색채 디자인을 개선해 편리성을 높이고 있다.

유니버설 디자인은 고령자뿐만 아니라 모든 사람에게 편안하고 안전한 환경을 제공하여, 다양성과 공존을 추구하는 철학을 실현하고 있다. 이는 노인의 삶의 질을 높이고 사회 구성원 모두가 편안하게 살아갈 수 있는 도시 환경을 조성한다.

2

디자인 씽킹과 에이징 인 플레이스

디자인 씽킹은 다양한 분야에서 창조와 혁신을 끌어내는 강력한 방법이다. 특히, 초고령사회에서 디자인 씽킹은 에이징 인 플레이스를 실현하기 위해 필수적인 디자인 방식으로 주목받고 있다.

1) 초고령사회 디자인 씽킹의 필요성

① 새로운 상품의 수요와 혁신적인 창조성

에이징 인 플레이스는 베이비붐 세대의 본격적인 은퇴로 새로운 시장과 소비 계층에 관심을 받고 있다. 향후 20년간 1,400만

명의 은퇴자는 새로운 상품과 서비스를 요구할 것이다. 앞으로 이 시장은 더욱 창의적이고 혁신적인 접근이 필요하다.

디자인 씽킹은 고객 중심의 문제 해결과 창의적 아이디어를 통해 고령 수요자의 다양한 요구를 충족하고 새로운 기회를 창출하는 데 활용된다. 이는 기존 기업의 경쟁력을 강화하는 동시에 스타트업이 시장에 활력을 더할 수 있는 도구이다. 디자인 씽킹은 고령 수요자에 적합한 상품과 서비스를 개발함으로써 사회 전반의 발전에도 이바지한다.

디자인 씽킹은 상품 개발뿐만 아니라 소비자 경험을 중심으로 한 서비스 디자인, 마케팅 전략 수립, 지속적인 혁신을 통한 기업 비전 실현 등 다양한 분야에서 활용된다. 창의적이고 유연한 사고를 강조하는 디자인 씽킹은 초고령사회에서 새로운 비즈니스 모델 창출을 위한 핵심 접근법으로 자리 잡고 있다.

② 사회와 사람과 관련된 문제를 해결

디자인 씽킹은 우리 사회에서 발생하는 다양한 문제를 해결하기 위한 강력한 도구로, 창의적이고 합리적인 접근을 통해 최적의 대안을 모색한다. 특히, 디자인 씽킹은 정보가 부족하거나 정의하기 어려운 문제에 적합하며, 빠르게 변화하는 현대 사회에서 발생하는 새로운 문제에 효과적으로 대응할 수 있다.

디자인 씽킹은 기존 접근법으로 해결하기 어려운 불확실한 상황에서 문제를 명확히 정의하고 적절한 해결책을 제시한다. 이러한 특성은 고령자들이 거주 환경, 건강, 사회활동 등 다양한 영역에서 겪는 복잡한 문제를 종합적으로 해결하는 데 유용하다.

디자인 씽킹은 사용자 간의 협업과 소통을 통해 문제를 해결하기 때문에, 사회적 관계와 상호작용이 중요한 생활 공간에서 더욱 효과적이다. 이는 더 나은 사회적 환경을 조성하고 사용자 만족도를 높이는 동시에, 고령사회가 직면한 다양한 과제에 대한 혁신적인 아이디어를 발굴한다.

③ 이슈와 경쟁을 먼저 선점하기

디자인 씽킹은 사용자와 수요자의 관점에서 문제를 해결하고, 업무 처리와 전략 과정을 개선하는 도구로 활용된다. 스탠퍼드 대학과 로트만 디자인 스쿨의 교육 과정은 이를 전문가들에게 필수적인 경쟁 도구로 활용하고 있다.

디자인 씽킹은 상품과 서비스 개발뿐만 아니라, 정부와 지자체 프로젝트와 같은 복잡한 문제를 해결하는 데 활용된다. 디자인 씽킹은 단순한 문제 해결을 넘어 창의적인 아이디어로 수요를 충족시키는 결과물을 만들어낸다.

디자인 씽킹은 노인이 겪는 생활 공간의 어려움, 사회적 연결 부족, 건강 관리 문제 등 다양한 과제를 해결하는 데 효과적으로 활용될 수 있다. 이를 성공적으로 적용하려면 다음의 과정이 필요하다.

- ▨ 일상에서의 문제 식별: 사용자 일상생활의 경험을 관찰해 구체적인 문제를 정의해야 함.
- ▨ 해결책 탐구: 문제에 대한 면밀한 분석을 실시하고, 해결을 위한 다양한 창의적인 아이디어를 도출해야 함.
- ▨ 소통과 협업: 다양한 사람들과의 상호 소통을 통해 문제를 분석하고, 집단지성을 활용해야 함.
- ▨ 전략 수립과 실행: 에이징 인 플레이스에서 경쟁력을 확보할 수 있는 전략을 수립하고 실행해야 함.

디자인 씽킹은 에이징 인 플레이스에서 노인의 삶의 질을 높이고, 실질적이고 창의적인 해결책을 제시하는 데 기여한다.

2) 디자인 씽킹의 특별한 사고방식

① 디자인 씽킹의 독창적 사고

디자인 씽킹은 논리적 사고와 창의적 사고를 동시에 활용하여 독창적이고 효과적으로 문제를 해결한다. 이는 누구나 쉽게 접근할 수 있는 기법으로, 고객과의 공감을 바탕으로 문제를 정의하고, 근본 원인을 재구성하여 다양한 아이디어를 도출한다.

디자인 씽킹은 협업과 집단지성을 통해 다양한 관점을 수렴하며, 반복적으로 간단한 프로토타입을 제작해 최적의 해결책을 찾아낸다. 이 방식은 단순한 문제 해결을 넘어 새로운 전략과 창의적인 아이디어를 발굴하는 강력한 도구로 자리 잡고 있다.

디자인 씽킹은 일상생활, 비즈니스, 서비스, 제품 개발, 업무처리 등 다양한 분야에서 활용할 수 있다. 예를 들어, 대중교통 이용의 불편함, 키오스크 사용의 어려움, 내 집 마련과 같은 복잡한 문제를 효율적으로 해결할 수 있다. 이는 획기적인 아이디어로 다양한 불편을 해소하고, 업무나 프로젝트 처리에서 효과적인 결과를 도출할 수 있다.

② 디자인 씽킹의 새로운 지평: 특별한 역할

고령사회가 진행되면서, 이 같은 변화와 도전에 대응하기 위해 새로운 사고방식이 필요하다. 디자인 씽킹은 이러한 도전에 적합한 창조적이고 사용자 중심의 문제 해결 접근법이다.

디자인 씽킹은 명확히 정의하기 어려운 문제를 다루는 데 적합하며, 좌뇌적인 분석 능력과 우뇌적인 창의성을 융합해 최적의 해결책을 찾아낸다. 특히, 에이징 인 플레이스는 고령자의 생활 공간과 생활 양식에서 발생하는 문제를 공감과 이해를 바탕으로 해결하며, 이를 통해 사용자 경험을 개선하는 데 기여한다.

디자인 씽킹의 핵심은 사용자에 대한 깊은 공감에서 시작된다. 고령자는 노화로 인해 물리적 환경과 생활환경에서 다양한 변화를 겪고 있으므로, 이들의 경험과 필요를 이해하는 것이 중요하다. 이러한 공감은 창의적인 아이디어를 도출하고 노인들의 삶의 질을 높이는 원동력이 된다.

디자인 씽킹은 반복적인 테스트와 지속적인 개선 과정을 특징으로 하여 초고령사회에서 발생하는 복잡한 문제를 해결하는 데 효과적이다. 이 과정은 고령자의 생활환경에서 발생하는 다양한 문제를 실질적으로 해결하며, 공동체의 연대와 소통을 통해 종합적인 해결책을 도출한다.

디자인 씽킹은 사용자 중심의 현실적인 해결 방안을 제공하며, 이를 체험 가능한 형태로 구현함으로써 초고령사회에서 매우 효과적인 도구로 자리 잡고 있다.

③ 디자인 씽킹의 에이징 인 플레이스 적용 사례

대표적인 사례는 2017년부터 2020년까지 영국 남서부 지역에서 진행된 'Transform Aging' 프로그램이 있다. 이 프로그램은 디자인 씽킹 원칙을 활용하여 고령자 문제에 대한 현실적이고 혁신적인 해결 방안을 제시했다. 이는 성공 사례로 평가받으며, 에이징 인 플레이스를 위한 디자인 씽킹의 10가지 권장 사항을 제시했다.

- ▨ **노년층의 참여:** 디자인 씽킹의 본질은 지속적이고 반복적인 공동 창작 과정에 있음. 따라서, 고령자를 대상으로 한 프로그램에서는 이들을 직접 참여시킴으로써 사용자의 생생한 수요와 요구를 종합적으로 파악할 수 있음. 이를 통해 사용자 중심의 공감을 위해 고령자들이 직접 참여하고, 이들의 생생한 요구를 반영해 프로그램을 설계해야 함.

- **장소 중심의 시스템 접근:** 성공적인 이니셔티브는 지역의 사회·경제적 변화를 종합적으로 접근해야 함. 지역의 사회·경제적 맥락을 고려하고, 지역 기반의 자원을 확보하며 파트너십을 강화해야 함.
- **지역사회 자산 발굴과 공동체 협력:** 지역사회의 자원을 발굴하고, 공동체와 협력하여 지속 가능한 에이징 인 플레이스를 위한 프로그램을 개발해야 함. 지역사회의 자원을 적극 활용함으로써 지역 주민과의 연대를 강화하고 프로그램의 실효성을 높임.
- **체계적인 접근을 위한 전문적인 디자인 기법 지원:** 체계적인 디자인 씽킹 방식을 통해 문제 해결 과정을 조직적으로 진행해야 함. 새롭고 혁신적인 해결 방안을 개발하고 긍정적인 관계를 구축하기 위해 체계적인 디자인 씽킹 방식을 전문적으로 지원하는 것이 중요함.
- **행정의 이해와 사회적 기업의 연계:** 행정은 에이징 인 플레이스와 디자인 씽킹의 역할을 이해하고, 사회적 기업과 다양하고 자유롭게 의사소통을 해야 함. 행정은 지역사회의 다양한 변화 요인을 종합적으로 파악하여 프로그램을 성공적으로 이끄는 핵심적인 역할을 담당해야 함.

▨ 소비자와 시장을 위한 재화와 서비스 개발: 다양한 수요를 충족할 수 있는 재화와 서비스를 개발하고 이를 효과적으로 지원해야 함. 이를 위해 다양한 요구 사항을 수용하면서 효과적으로 지원할 수 있는 시스템을 구축하는 것이 필요함.

▨ 자유로운 아이디어 확장: 사회적 기업과 행정 등에서 혁신적인 아이디어가 자유롭게 제안되고 실행될 수 있는 환경을 조성해야 함. 이는 혁신적인 해결책을 도출하고, 실행 가능성을 높이는 데 도움이 됨.

▨ 마을 단위에서의 디자인 씽킹 아이디어 실험: 디자인 씽킹으로 도출된 아이디어는 소생활권에서 실험하여 구체적인 성과를 도출해야 함. 에이징 인 플레이스는 대생활권이나 중생활권보다 마을 단위에서 실행할 때 더욱 실질적이고 구체적인 성과를 낼 수 있기 때문임.

▨ 구성원 간 파트너십 형성과 유대 관계: 이해관계자 간의 신뢰를 강화하고 지속 가능한 파트너십을 형성해야 함. 프로그램을 개발하고 지속하기 위해서는 이해관계자 간의 관계 형성이 필수적임. 이를 위해 다양한 지역을 방문하며 유대 관계를 강화하고, 파트너십 형성에 더 많은 에너

지를 집중해야 함.

▨ 변화에 대한 유연성과 적응성 확보: 프로그램 진행 과정에서 환경 변화에 유연하게 대응하며, 지속적인 개선이 가능하도록 설계해야 함. 특히, 소통에 제한을 두지 않는 환경에서 프로그램이 효과적으로 발전할 수 있음.

'Transform Aging' 프로그램은 고령자의 수요와 요구에 맞춰 디자인 씽킹의 접근 방식을 효과적으로 활용한 사례로 주목받고 있다. 이 프로그램은 고령자의 요구를 반영해 포용적이고 지속 가능한 사회를 구축하는 데 기여했다. 이는 공동체 협력과 체계적인 접근이 중요한 기반임을 증명했다.

3) 디자인 씽킹으로 맞이하는 에이징 인 플레이스의 미래

에이징 인 플레이스는 미래 도시에 다양한 문제를 야기할 수 있으며, 이에 대한 효과적인 준비가 요구된다. 이는 문제 해결을 위해서는 개인의 노력뿐만 아니라 사회 전반의 인식 변화와 협력이 필요함을 의미한다. 많은 국가는 고령 인구를 돌봄의 대상이 아닌 주체로 인식하며, 공공과 민간의 협력을 통해 더 나은 주거 환경과 생활 시스템을 구축하고 있다.

디자인 씽킹은 이러한 노력을 지원하는 효과적인 접근법이다. 디자인 씽킹 과정은 문제 정의, 공감, 그리고 협업을 통해 아이디어를 도출하여 도시의 여러 문제를 해결하는 데 유용하다. 이는 지역사회의 구성원과 이해관계자가 함께 참여하며 해결책을 찾아가는 방식으로, 특히 고령 인구를 위한 도시 환경 개선에 중요한 역할을 한다.

디자인 씽킹은 하드웨어 구축을 넘어 서비스와 시스템 개발, 생활 공간 개선 등 다양한 영역에서 새로운 해결책을 제시한다. 이는 지역사회에 적합한 서비스를 구축하고, 고령 인구의 삶의 질을 향상시키는 데 기여할 것이다.

디자인 씽킹은 고령 인구를 포함한 모든 시민에게 보편적이며, 편리하고 안전한 도시 환경을 제공하는 미래 도시의 핵심 도구로 자리 잡을 것이다.

3

공공소통과 에이징 인 플레이스

1) 세대 간 소통의 새로운 패러다임: 공공소통

세대 간 갈등이 심화하고 있는 현시점에서 공공소통의 새로운 패러다임이 요구된다. 초고령사회에서는 세대 간 소통의 한계와 어려움이 더욱 두드러질 것으로 예상되며, 이를 해결하기 위한 양방향 소통이 중요하다. 즉, 과거의 일방적인 소통 방식에서 벗어나 다양한 계층의 의견과 요구를 수용하고 이를 정책에 반영해야 한다.

공공소통은 에이징 인 플레이스의 구성원이 함께 문제를 논의하고 해결하는 새로운 접근 방식을 제시한다. 만약 정보 접근에 어려움을 겪는 노인층을 배려하지 않는다면, 사회적 갈등이 심화할 가능성이 크다. 따라서 디지털 소통에서 소외된 노인층을 위해 대안을 마련하고 온·오프라인의 공공소통 채널을 강화해야 한다.

고령층은 소통 과정에 적극적으로 참여하도록 교육 프로그램을 운영하고 디지털 격차를 줄이는 노력이 필요하다. 정부는 노인층의 다양한 요구와 의견을 정책에 반영하며, 적합한 정보 전달 방식을 모색해야 한다. 초고령사회에서의 세대 간 소통은 노인층을 포함한 모든 사회 구성원의 의견을 경청하고 존중하는 방향으로 이루어져야 한다.

향후 공공소통은 노인들이 참여할 기회를 확대하고 사회의 균형과 안정을 도모하는 방향으로 발전해야 한다. 초고령사회는 세대 간 소통의 중요성을 일깨우며, 이에 대한 철저한 준비가 요구된다.

2) 공공소통: 양식을 갖고 실천하는 PR

공공소통은 본질적인 문제를 해결하고, 체계적이고 실질적인 PR 활동을 통해 사회 변화를 이끌어내는 데 초점을 맞춰야 한다. 이를 위해 다음과 같은 방법을 고려할 수 있다.

① 본질적인 문제에 집중한다.

공공소통은 에이징 인 플레이스의 핵심 문제를 해결하고, 사회적 안정과 공정성을 증진하는 데 중점을 두어야 한다. 특히, 고령층 증가는 주거, 의료, 교통 분야의 문제는 점차 심각해질 것으로 보이며, 이에 대한 효과적인 대응 전략이 요구된다.

우선, 고령자의 거주 문제는 에이징 인 플레이스에서 가장 중요한 과제 중 하나다. 노인들이 요양시설이 아닌 낡은 주택에서 생활하는 경우, 주거 환경의 적합성과 안전성은 노후 생활의 질을 크게 좌우한다. 이를 해결하기 위해 사회적 공감대를 형성하고, 마을과 주택 개조를 정책적으로 우선시해야 한다. 이러한 노력은 공공소통을 통해 노인들의 의견을 수렴하고 이를 정책에 반영함으로써 실현될 수 있다.

의료 분야는 에이징 인 플레이스 시대에 필수적이다. 노인들의 건강 상태와 의료 서비스 접근성은 사회 구성원이 함께 해결해야 할 주요 과제다. 공공소통은 노인의 건강을 위한 효과적인 소통 방식을 마련하고, 건강 증진 프로그램을 확대하며, 의료 서비스 이용을 촉진해야 한다.

교통 문제 또한 중요한 영역이다. 교통 정책은 주로 자가용 중심으로 추진되어 왔으며, 이에 따라 안전하고 편리한 교통수단 제공이 필요하다. 마을 계획은 보행 친화적인 도로 환경을 조성하고, 대중교통 시설의 접근성을 개선해 노인들이 자유롭게 이동할 수 있는 여건을 마련해야 한다.

에이징 인 플레이스는 주거, 의료, 교통 등 다양한 분야에서 발생하는 문제를 해결하기 위해 공공소통을 효과적으로 활용해야 한다. 정책 수립과 실행 단계에서 사회적 안정과 공공성을 높이기 위해 노인과 사회적 약자의 의견을 수렴하고, 이를 바탕으로 적절한 대응책을 마련해야 한다.

② 가장 효율적인 소통의 방식을 모색한다.

고령층은 디지털 기술에 익숙하지 않아서, 정보 격차가 발생할 수 있다. 이를 해결하기 위해 공공소통은 노인층의 특성을 반영한 다양한 소통 방식을 모색해야 한다. 디지털과 오프라인 채널을 병행하여, 노인은 이해하기 쉽고 접근하기 편리한 정보 전달 방식을 제공받아야 효율적인 소통을 실현할 수 있다.

디지털 소통은 노인층을 위한 친숙하고 간편한 플랫폼 개발이 필요하다. 즉, 큰 아이콘, 명확한 메뉴 구조, 음성 인식 기술 등을 활용하여 고령자의 사용 편의성을 높일 수 있다. 이러한 디지털 정보 서비스는 온라인 플랫폼과 모바일 애플리케이션 등 다양한 형태로 제공되어야 한다.

오프라인 소통은 여전히 노인층에게 중요하다. 많은 노인들은 지역사회 센터, 도서관, 공공기관에서 열리는 정보 세션, 워크숍, 설명회 등을 통해 직접 정보를 얻는 것을 선호한다. 또한, 많은 노인은 우편과 전화 같은 전통적인 소통 채널을 여전히 편하게 여긴다.

공공소통은 정보 취득 과정에서 빈부 격차를 줄이고, 노인층의 다양한 요구를 충족할 수 있는 정책과 서비스를 마련해야 한다. 이는 노인층의 정보 접근성을 향상시키고, 사회적 격차를 해소하며 공공소통의 효율성을 극대화할 수 있다.

③ 대중이 공감할 수 있는 채널을 활용한다.

공공소통은 다양한 채널을 활용해 사회적 공감대를 형성하고, 사회 구성원이 공감할 수 있는 소통의 장을 마련하는 데 중요한 역할을 한다. 이는 초고령사회에서 노인들의 사회적 요구를 충족시키고, 소통의 품질을 전반적으로 향상시키는 효과적인 방안이다.

노인층의 의견을 반영하려면, 공공소통은 온라인과 오프라인 채널을 병행하여 활용하는 것이 중요하다. 공공소통은 웹사이트, 모바일 애플리케이션, SNS 같은 디지털 채널과 함께 지역사회 센터, 공공기관, 노인클럽 등 오프라인 채널을 통해 정보 취득 약자가 불이익을 받지 않도록 해야 한다. 이는 노인과 사회 구성원이 다양한 수준에서 소통에 참여하고 의견을 제시할 수 있으며, 이러한 과정을 통해 사회적 공감대를 형성할 수 있다.

공공소통은 대중이 공감할 수 있는 채널로 대중매체, 이벤트, 커뮤니티 프로그램 등을 활용해 노인의 참여를 확대해야 한다. 이는 고령자의 일상과 밀접한 소식과 콘텐츠를 대중매체로 제공되며, 노인들이 자연스럽게 다양한 정보를 습득할 수 있다. 또한, 공공소통은 지역 공동체의 프로그램과 이벤트를 통해 소통의 기회를 제공하고, 노인의 능동적인 참여를 유도해야 한다.

초고령사회에서 노인과 사회 구성원의 공공소통을 확대하려면, 노인은 보다 자유롭게 의견을 표현할 수 있는 PR 소통 방식을 활용할 수 있어야 한다. 또한, 다양한 채널을 통해 모두가 공감할 수 있는 환경을 조성해야 한다.

3) 공공소통 방법과 사례

공공소통은 에이징 인 플레이스를 실현하기 위해 새로운 방법을 도입하여 사회 변화를 이끌어야 한다. 이를 위해 적용 가능한 방법과 사례를 살펴보자.

① 컨텍스트(context)에 따른 미디어 활용: 맥락 의존적 미디어

에이징 인 플레이스의 공공소통은 맥락에 맞는 미디어를 적극적으로 활용해야 한다. 멀티미디어를 혁신적으로 활용함으로써 사용자 중심의 소통을 강화하고, 작은 소재로도 좋은 효과를 얻는 경우가 많다.

예를 들면, 고령자와 어린이를 위한 보행자용 멈춤 깃발 설치가 있다. 이는 신호등이 없는 횡단보도에서 교통안전에 대한 메시지를 전달하는 공공소통 방법이다. 멈춤 깃발은 보행자가 손쉽게 사용할 수 있도록 설계되었으며, 시각적으로 눈에 띄는 방식으로 교통사고 예방과 지역 특화 정보를 제공한다. 이는 노인들이 쉽게 인식하고, 안전한 교통 환경에 대한 인식을 높일 수 있다.

다음은 감성적인 메시지를 활용해 맥락 효과를 높이는 방법이다. 대표적인 사례는 도심에 노인을 위한 소공원이나 모임 공간을 조성하는 것이다. 이 공간은 지역사회 공헌 메시지나 사회봉사 활동을 진행하면 감성적이고 따뜻한 미디어 활용 사례로 맥락 효과를 극대화할 수 있다.

또 다른 공공소통은 맥락에 맞는 미디어의 적용도 중요하다. 예를 들어, 이는 도시의 거리나 광장에 디지털 정보관을 설치해 날씨, 교통, 지역 행사 등 다양한 정보를 제공할 수 있다. 이때 콘텐츠는 노인층이 쉽게 이해할 수 있도록 명확하게 설계해야 한다.

맥락에 맞는 미디어 활용은 에이징 인 플레이스에서 공공소통을 혁신적으로 발전시킬 수 있는 중요한 방법이다. 이 방법은 작은 소재를 활용한 의외의 효과, 깃발과 같은 시각적 전달 방법, 디지털 기술의 적극적 활용은 이를 효과적으로 적용한 대표적인 사례로 볼 수 있다.

② 참여형 공공소통: 대중을 통해 질문과 답을 이끌어라

참여형 공공소통은 에이징 인 플레이스에서 주민들의 참여를 유도하기 위한 효과적인 방법이다. 특히, 대중에게 질문하고 답하도록 하는 방식은 현장에서 직접 의견을 수렴하며, 주민들에게 소통의 기회를 제공한다. 다음은 참여를 유도하는 몇 가지 방법이다.

먼저, 예술을 활용한 참여는 도시의 풍경과 예술을 결합해 시민들이 자신과 주변을 성찰하게 하는 효과적인 방법이다. 도심의 공원에 설치된 예술 작품은 시민들이 소통을 즐기고, 작품의 주제에 대해 의견을 나눌 기회를 제공한다. 이러한 활동은 도시를 활기차고 창의적인 공간으로 변화시켜, 노인을 포함한 전 연령대의 참여를 유도한다.

또한, 작은 깃발을 활용한 참여는 교통안전에 대한 감사 메시지를 표현하는 사례로 주목받고 있다. 교차로나 횡단보도 주변에 작은 깃발을 설치해 시민들이 메시지를 남기도록 유도함으로써, 참여와 의견 표현의 기회를 제공한다. 이는 교통안전에 대한 인식을 높이고, 안전성을 강화하는 활동을 이끌어낼 수 있다.

참여형 공공소통은 노인들에게 특히 효과적이다. 이는 고령자들이 도시 활동에 참여하고 자신의 의견을 표현할 기회를 제공하기 때문이다. 현장에서 직접 참여하는 소통 방식은 도시를 활기차게 하고, 시민 간 상호작용을 증진시킨다.

③ 미니멀 효과, 단색과 단일 소재로 충분하다

에이징 인 플레이스의 공공소통은 단색과 단일 소재를 활용해 미니멀하면서도 효과적인 메시지를 전달해야 한다. 지역사회를 중심으로 소박한 소통 방식은 실천 가능한 작은 변화를 이끌어내어 사회 문제를 개선해야 한다.

단색의 활용은 강력한 메시지를 전달하고 시각적 효과를 극대화하는 중요한 방법이다. 단색은 시선을 집중시키고 메시지를 명확하게 전달할 수 있다. 예를 들어, 횡단보도 바닥에 설치된 LED는 스마트폰을 사용하는 보행자에게 안전 메시지를 효과적으로 전달하는 사례다.

단일 소재의 활용은 소통의 간결성과 일관성을 제공한다. 단일 소재를 중심으로 한 디자인이나 메시지는 시각적 혼란을 줄이고 기억에 남게 한다. 예를 들어, 도시 곳곳에 설치된 작은 깃발은 단일 소재를 통해 교통안전 메시지를 일관되게 전달하는 좋은 사례다. 특히, 이는 인지력이 약화한 고령자와 사회적 약자들에게 유용하다.

미니멀한 효과, 단색과 단일 소재의 활용은 작은 변화를 통해 실천 가능한 소통을 이끌어내는 효과적인 방법이다. 지역사회의 작은 변화를 활용한 소통은 본질적인 소통 문제를 해결하고 큰 변화를 촉진할 수 있다. 미니멀한 접근은 에이징 인 플레이스에서 노인이 지역사회에 참여하도록 인식을 변화시키는 데 긍정적인 영향을 미칠 것이다.

④ 주변 사물에 의미 부여, 메시지를 태그하라

주변 물건과 환경에 메시지를 태깅하는 소통 방식은 기존 방식을 넘어 현실적이고 창의적인 접근법이다. 이는 단순히 사물의 기능적 역할을 넘어서 소통의 진정성을 높이고, 시민들의 관심을 끌어 사회적 참여를 촉진한다.

물건에 메시지를 부착하는 방식은 소통의 새로운 차원을 열어준다. 일상적인 물건에 메시지를 더함으로써 시민들은 직접 메시지를 접하고 인식을 높일 수 있다. 예를 들어, 도시의 벤치나 쓰레기통에 메시지를 담아 활용하면 주변 환경에 대한 사회적 책임감을 고취하고, 도시 청결에 대한 인식을 증대시킬 수 있다. 이는 일상 물건을 통해 사회적 가치를 강조하려는 의지를 보여준다.

에이징 인 플레이스에서 메시지 태깅은 도시 시설과 건물에 의미를 부여해 소박하면서도 강력한 소통을 이끄는 혁신적인 방법이다. 이는 도시 시설과 건물에 통찰력 있고 사회적으로 의미 있는 메시지를 전달함으로써, 노인을 포함한 지역사회의 참여와 인식을 높일 수 있다. 작은 변화로 큰 사회적 영향을 만들어내며, 현장에서 혁신적인 소통을 실현할 수 있다.

4) 에이징 인 플레이스: 공공소통과 실천의 관점

① 실천하는 퍼포먼스를 주목하라

적극적인 고령자 참여를 유도하려면, 노인의 능력과 한계를 고려한 실천 가능한 퍼포먼스를 마련해야 한다. 이는 노인들이 스스로 해결할 수 있는 작은 목표를 설정하고, 자신의 능력을 확인하며 성취감을 느낄 수 있도록 지원되어야 한다.

실천형 퍼포먼스를 실천하는 방법은 다음과 같다.

▨ 우선, 노인의 능력과 흥미를 반영한 다양한 형태의 퍼포먼스를 제공해야 함. 퍼포먼스는 창작 놀이, 예술 활동, 체육 활동 등 노인들에게 적합한 옵션으로 구성되어야 하며, 이는 노인들이 자신에게 맞는 분야를 찾아 적극적으로 참여할 수 있도록 도움을 줌. 초고령사회에서 이러한 활동은 노인의 능력 향상과 긍정적인 경험 축적에 기여할 것임.

▨ 다음은 도전을 통한 성취감 제공임. 퍼포먼스를 통한 도전은 노인의 성취감을 높이는 데 효과적임. 노인들이 자신의 능력에 맞게 목표와 도전의 난이도를 설정할 수 있도록 지원해야 함. 예를 들어, 미술 전시회, 음악회, 운동 대회 등은 고령자에게 성취감을 제공하도록 기획되어 지속 가능한 참여를 유도할 수 있음.

▨ 끝으로, 홍보와 행사 운영에서 노인의 참여와 성과를 장려하는 것임. 행사 기획 단계부터 고령자가 직접 참여하고 수행할 수 있는 활동을 마련해야 함. 참여자의 성과를 인정하고 이를 홍보에 활용함으로써, 노인들이 의미 있는 시간을 보내고 타인과의 소통과 연결을 증진할 수 있도록 도움을 줌.

에이징 인 플레이스에서 퍼포먼스를 통한 노인의 의미 있는 시간 보내기는 사회 구성원과의 소통과 연계를 강화하는 데 중요한 역할을 한다. 홍보와 행사는 초고령사회에서 다양한 형태로 제공되어야 하며, 이는 노인의 성취감과 사회 참여를 높일 수 있다.

② 이상적인 환경을 만드는 실천을 상상하고 실행하라

에이징 인 플레이스는 노인들이 편안하게 생활할 수 있는 이상적인 환경을 조성하는 것이 중요하다. 이는 물리적 환경뿐만 아니라 사회적, 경제적, 교육적, 문화적, 복지적 환경을 포함한 다양한 요소를 포괄해야 한다. 에이징 인 플레이스를 위한 이상적인 환경과 실천 방안은 다음과 같다.

먼저, 이상적인 환경은 노인들이 다양한 활동과 행사를 즐길 수 있는 공간을 제공하는 것에서 시작된다. 예를 들어, 예술 작업실, 체육시설, 독서 모임 등 다양한 프로그램을 마련해 노인들이 적극적으로 참여하고 새로운 경험을 쌓을 수 있도록 지원해야 한다. 이 같은 활동은 노인들 간 교류를 촉진하고, 지역사회에 대한 소속감과 연대감을 높이는 데 기여한다.

실천방안은 노인들이 쉽게 참여할 수 있는 플랫폼을 구축하는 것이 중요하다. 이를 통해 노인들은 자신의 경험과 지식을 나누고 공동체에 이바지할 기회를 얻을 수 있다. 예를 들어, 주민 모임이나 노인 자치 위원회와 같은 플랫폼은 노인들이 의견과 영감을 주고받으며, 지역사회의 발전 방향을 결정하는 데 참여할 수 있게 한다.

또한, 거주 환경과 공공시설의 디자인은 노인들의 요구와 필요를 철저히 반영해야 한다. 에이징 인 플레이스는 노인들이 편안하게 생활할 수 있는 조건을 조성함으로써 그들의 가치를 인정받고 삶을 즐길 수 있도록 돕는다. 이는 지역사회의 공동체 의식을 높이며, 에이징 인 플레이스의 핵심 원칙을 실현하는 데 필수적이다.

③ 진정성을 갖는 실천이 중요하다

앞으로 고령사회에서 중요한 이슈는 환경 보존과 지속 가능한 라이프스타일의 실현이다. 에이징 인 플레이스가 지속 가능한 발전을 하려면, 노인들의 자발적 참여 기회를 마련하고 지역사회와 협력해야 한다.

먼저, 푸드 쉐어링은 노인의 자발적 참여를 유도하고 사회적 낭비를 최소화할 수 있는 실천 방법의 하나다. 이는 지역사회에서 음식을 나누며 식재료 낭비를 줄이고, 에이징 인 플레이스의 지속 가능한 발전을 도모할 수 있다. 노인은 지역사회와의 연결을 강화할 수 있다. 예를 들어, 거리 냉장고를 비치하는 것은 지역사회의 이슈를 해결하는 효과적인 사례다.

에이징 인 플레이스는 진정성 있는 실천을 위해 노인과 지역사회 간 소통과 협력을 강화하고, 노인이 자발적으로 참여할 다양한 기회를 제공하는 것이 필수적이다. 이 같은 노력은 에이징 인 플레이스에서 지속 가능한 라이프스타일을 촉진하며, 노인의 삶의 질을 향상시키는 데 기여한다.

④ 공동체 생활과 문화 환경을 바꾸는 실천전략

에이징 인 플레이스는 공동체의 작은 실천을 통해 생활과 문화 환경을 개선할 수 있도록 노인을 지원하는 데 중점을 두어야 한다. 일상생활에서 실천 가능한 전략은 머그컵 사용과 같은 간단한 행동이 있다.

머그컵 사용과 같은 작은 실천은 소비 행동을 개선하고 에너지를 절약하는 데 효과적이다. 이는 에이징 인 플레이스에서 환경 보전을 위한 일상적인 습관으로, 공동체가 협력하여 실현할 수 있는 방안이다.

또한, 에이징 인 플레이스는 노인의 경험과 능력을 존중하며 환경 보전과 공동체 문제 해결을 위해 고령자가 의견을 자유롭게 표현할 수 있는 소통의 장을 마련해야 한다. 이는 지역사회의 문제를 논의하고 해결 방안을 함께 모색할 수 있다.

에이징 인 플레이스는 노인들의 자발적 참여를 끌어내기 위한 노력을 강화해야 한다. 이를 위해 다음과 같은 접근이 필요하다.

- ▨ 간단한 활동을 통한 자각 촉진: 일상에서 쉽게 실천할 수 있는 작은 행동을 통해 지속가능한 문화생활에 대한 자각을 높임.
- ▨ 주체적인 참여와 소통 강화: 노인들이 주체적으로 참여하고, 공동체와 활발히 소통할 기회를 제공해야 함.
- ▨ 결과 공유와 피드백 제공: 실천의 결과를 공유하고 피드백을 주고받을 수 있는 플랫폼을 마련해야 함.

이 같은 과정을 통해 노인은 환경 보호와 지속 가능한 생활에 대한 일상적인 참여를 경험하며, 공동체 생활의 문화 환경을 구축할 수 있다.

5) 상징 활용과 노인들의 사회적 참여 촉진

사회적 참여는 에이징 인 플레이스에서 고령자의 삶의 질을 향상시키기 위해 필수적인 요소이다. 이 과정에서 상징의 활용은 중요한 요소로 작용한다.

① 상징의 중요성과 에이징 인 플레이스 적용

에이징 인 플레이스의 상징물은 노인들의 경험과 가치를 대중에게 전달하며 사회적 참여를 유도하는 중요한 수단이다. 작은 동상이나 로고와 같은 상징물은 시각적으로 강렬한 효과를 발휘해 대중의 인식과 공감을 얻고, 노인의 경험이 사회적으로 존중받고 기여할 수 있도록 돕는다.

상징물은 노인들의 경험과 가치를 지역사회에 전달하는 강력한 도구다. 동상이나 로고를 통해 삶의 풍요로움, 지혜, 경험 등을 상징화하며, 노인의 긍정적인 삶의 측면을 강조하고 그들의 역할과 기여에 대한 대중의 인식을 높인다.

또한, 상징물은 사회적 참여와 소통을 촉진하는 효과적인 수단이다. 이는 특별한 로고나 상징물을 활용해 에이징 인 플레이스의 활동과 프로그램을 알리고, 노인들의 참여 기회를 확대하며 지역사회와의 연대를 강화할 수 있다.

상징물은 지역 주민의 인식과 공감을 얻는 데 효과적이다. 작은 동상이나 로고는 노인의 삶의 다양성과 풍요로움을 강조하며, 노인들이 사회적으로 더 많이 참여하고 노년기를 긍정적으로 경험하도록 돕는다.

에이징 인 플레이스는 상징물의 중요성을 인식하고 이를 통해 노인의 경험과 가치를 대중에게 전달하며, 사회적 참여와 소통을 촉진해야 한다. 상징물은 노인의 삶을 긍정적으로 표현하고, 그들의 기여를 대중에게 인식시키는 도구로서 지역사회와 노인 간의 긍정적인 상호작용을 촉진하는 데 중요한 역할을 한다.

② 고령자 캠페인의 전략적 상징화

고령사회에서 상생을 상징하는 상징물은 구체성과 가시성을 갖추는 것이 중요하다. 상징물은 노인들의 삶과 가치를 상징화하면서 세대 간 상생과 조화를 표현해야 한다. 이를 통해 사회 구성원은 노인들의 삶에 대한 새로운 시각을 형성할 수 있으며, 이는 노인의 사회적 참여를 촉진하는 데 긍정적으로 기여한다.

상징적인 고령자 캠페인은 구체적이고 현실적인 기획이 필요하다. 이는 고령자의 다양한 경험을 반영한 상징물을 기획하여 효과적인 전달 매개체를 마련할 수 있다. 또한, 캠페인은 일상생활과 가까운 로고를 활용하면 메시지를 자연스럽게 전달할 수 있다.

상징물은 긍정적인 측면을 강조해야 한다. 특히, 이는 새로운 도전을 상징화하여 대중이 에이징 인 플레이스에 대한 편견을 깨고 긍정적인 인식을 형성하도록 해야 한다.

상징물의 가시성은 매우 중요하다. 상징물은 누구나 쉽게 이해하고 기억할 수 있는 형태여야 하며, 명확하고 강렬한 디자인, 로고, 동상은 대중에게 노인 캠페인을 연상시켜 인식을 형성하는 데 기여할 수 있다.

③ 자연스러운 상징물의 중요성

인위적인 상징의 과도한 사용은 에이징 인 플레이스에 대한 신뢰를 저하시킬 수 있다. 따라서 에이징 인 플레이스에서 사용되는 상징물은 이는 노인들의 신뢰성과 실제 경험을 정확히 반영해야 한다. 노인들의 삶을 올바르게 이해하고 그들의 경험을 존중하는 상징물이 중요하며, 과도한 상징 활용은 지양해야 한다.

상징물은 신뢰감을 전달할 수 있도록 설계되어야 하며, 지나치게 조장된 표현은 피해야 한다. 현실성을 바탕으로 제작된 상징물은 사회 구성원 간의 신뢰와 유대감을 높이는 데 기여할 수 있다.

6) 고령사회의 본질적 소통: 삶의 질 향상을 위한 전략

고령사회에서는 세대 간 소통은 필수적이다. 노인 인구의 증가에 따라, 고령자의 수요와 요구를 반영한 소통이 중요하다. 다음은 고령사회에서 소통이 삶의 질 향상에 기여하는 방식을 살펴본다.

① 작은 문제에서의 본질적 소통: 고령자의 일상 문제에 주목

에이징 인 플레이스는 고령자 중심의 생활환경을 구성하려면 작은 문제에서 시작하는 본질적인 소통이 중요하다. 이는 고령친화형 도시환경을 구축하는 데 핵심적인 요소다.

교통수단의 편리한 이용은 고령자들이 독립적으로 활동할 수 있는 기반을 마련하는 데 필수적이다. 이는 보행이 어렵거나 대중교통 시스템이 불편하면 고령자들의 사회 참여가 제한될 수 있기 때문이다.

따라서 거주 환경은 보행로의 편의성을 높이고 대중교통 시설의 접근성을 개선하는 조치가 필요하다. 특히, 에이징 인 플레이스는 노인들이 안전하게 횡단보도를 이용할 수 있는 시스템을 도입해 교통사고 예방에 주력해야 한다.

또한, 이는 디지털 시대에 맞춰 정보 전달 방식도 변화하고 있다. 간편하면서 명확한 정보 전달 수단이 도입되어야 한다. 작은 글씨나 복잡한 언어는 고령자들에게 혼란을 줄 수 있으므로, 시각적이고 이해하기 쉬운 디자인과 간결한 언어를 활용해야 한다. 도시 환경은 공공시설에 쉽게 이해할 수 있는 안내판이나 표지판을 설치하고, 디지털 기술을 활용한 모바일 앱이나 전자화면 정보 전달 시스템을 구축하는 것이 효과적이다.

이러한 본질적인 소통의 접근은 고령자들이 일상적인 불편을 최소화하고 삶의 질을 향상시키는 데 중요한 요소다. 작은 문제를 해결하는 데 집중함으로써, 도시환경은 모든 세대에게 편리하고 적응 가능한 공간으로 거듭날 수 있다.

② 체험을 통한 소통: 고령자를 위한 특별한 경험 제공

고령친화형 소통을 위한 두 가지 주요 프로그램은 다음과 같다.

첫째, 고령자를 위한 체력 강화와 안전교육 프로그램, 둘째, 창의적 예술활동과 문화예술 프로그램이다.

체력 강화와 안전교육 프로그램은 고령자의 건강 유지와 안전한 환경 조성에 필수적이다. 이 프로그램은 고령자의 신체 건강을 증진시키는 동시에, 일상적인 활동에서 발생할 수 있는 위험에 대한 인식과 대응 능력을 향상시킨다. 체력 강화 활동은 건강 증진에 기여하며, 안전교육은 사고 예방과 대처 능력을 높이는 데 효과적이다.

창의적 예술활동과 문화예술 프로그램은 고령자들에게 특별한 경험을 제공하는 효과적인 수단이다. 이 활동은 고령자의 다양한 경험과 지식을 존중하고 이를 활용해 열정과 관심사를 추구하며, 활발히 생활할 기회를 제공한다. 창의적인 활동은 고령자들에게 삶의 활력을 불어넣고, 새로운 도전과 자기표현을 촉진한다.

또한, 체험 중심의 소통 프로그램은 교류를 촉진하는 플랫폼을 제공한다. 이를 통해 고령자들은 삶의 즐거움과 예술적 표현을 공유하고, 함께 창작하며 소통할 수 있다.

③ 진실된 해결책 제시: 고령자 친화적 제품과 서비스 개발

에이징 인 플레이스는 고령자를 포함한 보편적인 디지털 기술 지원과 제품 개발이 필요하다. 유니버설 디자인이 적용된 제품과 서비스는 노인뿐만 아니라 모든 사회 구성원을 위한 노력으로, 생산 단가를 절감하면서도 소비시장을 확대할 수 있다.

특히, 건강 관련 제품은 고령자가 건강을 유지하고 편의성을 높이며, 안전사고를 예방하는 데 큰 도움을 준다. 앞으로 에이징 인 플레이스는 스마트폰을 적극적으로 활용해 노인과 가족이 간편하게 건강 상태를 모니터링하고, 필요 시 사전에 의료서비스를 받을 수 있도록 해야 한다.

주거시설은 스마트 홈 솔루션을 개발해 집 안에서의 생활을 더욱 편리하게 만들어야 한다. 예를 들어, 자동화 조명 시스템, 스마트 홈 앱을 통한 원격 제어, 안전한 홈 시큐리티 시스템은 자신의 집에서 편안하게 생활하도록 돕는 효과적인 수단이다.

그러나 많은 고령자가 빠르게 발전하는 디지털 기술에 적응하는 데 어려움을 겪고 있다. 따라서 고령친화형 디지털 기술이나 유니버설 디자인을 활용하여 고령자와 사회적 약자의 접근성을 높여야 한다.

대표적인 사례는 스마트폰 앱 개발 시 고령친화형 또는 유니버설 디자인이 적용된 사용자 친화적인 인터페이스를 통해 디지털 격차를 해소하려는 노력이 있다. 이러한 접근은 노인뿐만 아니라 모든 소비자에게 더 나은 경험을 제공할 수 있다.

④ 소비 행태의 도덕성 강조: 고령자의 가치와 라이프스타일

에이징 인 플레이스에서 건강과 환경을 고려한 소비는 지속가능하고 도덕적인 소비를 위한 중요한 관점이다. 따라서, 에이

징 인 플레이스는 친환경적인 재화와 서비스를 통해 지속 가능한 라이프스타일을 유지해야 한다.

친환경 제품과 지속 가능한 소비를 위해서 매장은 접근성이 좋아야 하며, 제품 정보를 명확히 전달해야 한다. 대표적인 사례는 큰 글씨와 명확한 그래픽 디자인을 활용해 제품 정보를 쉽게 이해할 수 있도록 하고, 친환경 제품임을 분명히 표시해야 한다.

또한, 매장은 노인들이 편안하게 쇼핑할 수 있는 환경을 조성해야 한다. 전통적인 판매 전략과 더불어, 온라인 플랫폼을 통해 노인들이 제품을 쉽게 찾고 구매할 수 있도록 개선해야 한다.

이러한 노력은 노인들이 지속 가능한 소비를 실천하기 쉽게 할 뿐만 아니라, 사회 구성원이 함께 상생할 수 있는 라이프스타일을 조성하는 데 기여할 것이다.

⑤ 에이징 인 플레이스를 위한 본질적인 소통 방안

에이징 인 플레이스에서 본질적인 소통을 위한 방안은 다음과 같다.

▨ 지역사회 공동체와의 소통 강화를 위해 고령자와 지역 주민은 커뮤니티 센터나 클럽을 적극 활용해야 함. 주민들이 만남의 장소에서 다양한 프로그램에 참여하며 교류를 증진할 수 있는 환경을 조성해야 함.

▨ 디지털 리터러시는 고령자들이 스마트폰과 태블릿 등을 활용하도록 적극 지원해야 함. 고령자들이 온라인 정보에 쉽게 접근할 수 있도록 디지털 기술 활용 방안을 마련하고, 이를 통해 에이징 인 플레이스에서 온라인 커뮤니케이션과 정보 공유에 활발히 참여할 수 있도록 해야 함.

또한, 에이징 인 플레이스는 고령자가 겪는 어려움을 해결하고 실질적인 도움을 제공하기 위해 상담과 지원 서비스를 마련해야 한다. 주요 상담과 지원 서비스는 건강, 금융, 법률 분야를 포함해야 하며, 다양한 고령자의 수요와 요구를 반영한 소통 플랫폼을 구축하는 것이 중요하다.

이처럼 고령사회의 본질적인 소통은 고령자와의 상호작용을 강화하고 사회적 참여를 촉진함으로써 지속 가능한 에이징 인 플레이스를 조성하는 데 핵심적인 역할을 한다.

7) 문화 협력 소통: 공공문제를 디자인으로 해결하라

공공소통은 초고령사회에서 세대 갈등을 해결하기 위한 주요 방법이다. 다양한 세대 간 의사소통과 상호 이해는 에이징 인 플레이스에서 필수적이다. 이를 위해 공공 디자인과 창의적인 소통 수단은 세대 갈등을 해소할 효과적인 방안으로 주목받고 있다.

① 공공디자인으로 세대 간 소통 강화

초고령사회에서 세대 간 소통을 강화하기 위해, 공공 디자인은 강력하고 효과적인 매개체로 작용할 수 있다. 다양한 연령대의 사람들이 함께 참여하고 공유하는 공공 디자인은 언어의 제약을 넘어 의견을 나누고 이해를 증진하는 데 기여한다.

이때 공공 디자인 프로젝트는 지역사회의 다양한 전문가가 참여해 공공 디자인과 예술 작품을 공공 공간에 전시하는 것이다. 이는 사회 구성원의 창의적 표현을 장려하고, 세대 간 소통을 촉진할 수 있다. 대표적인 사례로, 도시의 공공 공간에서 진행되는 벽화 그리기 프로젝트나 공원에 설치된 조각 작품은 시각적 예술을 통해 세대 간 의사소통에 중요한 역할을 할 수 있다.

공공장소에서 개최되는 다양한 예술 형식과 주제를 다루는 전시회는 각 세대의 예술적 경향을 이해하고 존중하는 데 도움을 준다. 예를 들어, 현대 미술 전시회, 전통 회화전, 사진전 등은 세대 간 예술적 스타일과 관심사를 공유하고 이해할 수 있는 장이 될 것이다.

이 같은 활동은 세대 간 갈등을 완화하고 상호 존중과 이해를 높이는 데 기여한다. 예술을 통한 소통은 감정과 감성을 전달하며, 작품에 담긴 창의성과 다양성은 세대 간 공통의 관심사와 가치를 발견하는 데 도움을 준다.

예술을 통한 세대 간 소통은 다양성과 창의성을 존중하며, 공공 디자인을 통해 유대감을 형성하는 데 중요한 역할을 한다. 이는 세대 간 이해와 연대감을 촉진하고, 더 풍요로운 공동체를 만드는 데 기여할 것이다.

② 문화 콘텐츠로 세대 간 공감

세대 간 갈등을 극복하고 공감을 도모하기 위해 문화 콘텐츠는 강력하고 효과적인 수단으로 활용될 수 있다. 대표적으로, 향토 드라마, 음악, 문학 등 다양한 문화 콘텐츠를 통해 각 세대의 관점을 이해하고 공감하는 방법이 있다.

특히, 마을과 지역의 특정 장소는 사회 구성원의 연대와 세대 간 공감을 이끌어낼 수 있는 특성과 역사를 반영한 콘텐츠 개발이 필요하다. 이는 과거와 현재의 사회적 변화를 다루며, 사회 구성원 간의 연대감을 형성하고 세대 간 공감을 유도하며, 공동체의 경험과 가치관을 공유하는 데 기여할 수 있다.

음악은 효과적인 공동체 소통 수단이다. 이는 세대를 넘어 음악 취향을 공유하고 차이를 즐기는 과정에서, 다양한 음악 장르와 곡은 중요한 콘텐츠로 활용될 수 있다. 음악은 감정과 기억을 공유하며, 문화와 가치를 연대하게 하는 탁월한 매체다. 특히, 음악은 에이징 인 플레이스의 정체성을 공유하고, 서로를 인정하며 소통의 연결고리 역할을 한다.

문학은 음악보다 향토성이 강해 지역 차원에서 세대 간 연대를 높일 수 있는 콘텐츠다. 특정 장소를 배경으로 다양한 작가가 자신의 경험과 관점을 바탕으로 쓴 작품은 독자들에게 강한 장소 애착을 불러일으킨다. 문학은 상상력과 공감 능력을 증진시키며 세대 간 소통을 위한 중요한 매개체로 작용한다.

에이징 인 플레이스에서 문화 콘텐츠는 공동체 구성원 간 가치를 공유하고 세대 간 연결을 돕는 중요한 매개체가 될 수 있다. 이는 에이징 인 플레이스에 다양성과 문화적 풍요로움을 더하며, 지역사회에 활기를 불어넣을 것이다.

③ 미디어와 소셜 플랫폼을 활용한 대화의 장(場)

앞으로 미디어와 소셜 플랫폼은 사회 구성원 간 의사소통에서 더욱 중요한 수단이 될 것이다. 에이징 인 플레이스는 주민들이 의견을 공유하고 갈등을 해소하기 위해서는 보다 효과적인 의사소통의 장이 필요하다. 미디어와 소셜 플랫폼은 온라인을 통한 빠른 정보 교류와 이를 기반으로 오프라인에서 심화된 토론을 나눌 수 있는 수단이다.

지역사회 구성원은 서로의 의견을 이해하고 갈등을 해소하려면, 공동체의 발전 방향과 문제의식을 빠르게 인식하고 해결 방안을 모색할 수 있는 온라인 플랫폼과 심층적 해결을 위한 오프라인 대화의 장이 모두 필요하다.

우선, 소셜 플랫폼은 다양한 세대가 가볍고 자유롭게 의견을 나눌 수 있는 공간으로 활용될 수 있다. 페이스북 그룹, 트위터 해시태그, 레딧 서브레딧, 인스타그램은 사회 구성원들이 소통에 활용하는 대표적인 수단이다. 이 같은 플랫폼은 이미지, 동영상, 글 등 다양한 형식의 콘텐츠를 통해 직관적인 의사소통을 가능하게 한다.

블로그는 개인이 자신의 경험과 생각을 자유롭게 기록하고 공유할 수 있는 플랫폼이다. 지역사회 블로거는 일상, 가치관, 경험 등을 솔직하게 나누며 서로를 이해하는 수단으로 활용하고 있다. 또한 이들은 특정 주제에 대해 의견을 나누고 협업함으로써 서로의 관점을 존중하고 이해할 기회를 확대할 수 있다.

토론과 포럼은 다양한 세대가 직접적으로 의견을 교환하고 대화할 수 있는 장이다. 이는 온라인 플랫폼보다 실질적인 문제 해결을 위한 만남의 공간이다. 토론과 포럼은 특정 주제에 대해 지역 주민뿐만 아니라 공무원과 전문가를 초빙하여 심층적인 대화를 나눌 수 있는 장이다.

미디어와 소셜 플랫폼을 활용한 대화 분위기와 소통의 장은 단계적이고 체계적으로 조성되어야 한다. 이를 통해 지역사회의 공통된 의제를 효과적으로 해결할 수 있다.

④ 세대 간 협력을 위한 지원정책 제안

에이징 인 플레이스는 사회 구성원 간 협력과 상생을 위해 다양한 분야에서의 정책적 지원이 필요하다. 특히 문화, 예술, 교육, 미디어 분야는 공동체 간 협력을 촉진하는 효과적인 방안이 될 수 있다.

첫째, 에이징 인 플레이스는 문화와 예술 교류에 대한 정책적 지원이 필요하다. 지방정부는 지역과 마을 단위의 예술 교류를 위한 다양한 프로그램을 지원해야 하며, 세대 간 예술가들의 협업을 통해 문화와 예술 활동의 지속성을 확보해야 한다. 에이징 인 플레이스는 문화와 예술 작품을 제작하고 전시할 수 있는 공간을 마을 단위로 제공하는 방안을 마련해야 한다.

둘째, 에이징 인 플레이스는 미디어 분야에서 협력을 증진해야 한다. 미디어 기업은 커뮤니티 구성원을 위한 상호 교육 플랫폼을 구축하여 연령과 세대를 넘어 가치와 지식을 공유하고, 첨단 기술을 쉽게 습득할 수 있도록 지원해야 한다. 이때 정부는 세대 간 협력을 촉진하는 통합 플랫폼을 개설하고, 프로젝트 기반 협업을 통해 창의적이고 혁신적인 결과를 도출할 수 있는 장을 마련해야 한다.

에이징 인 플레이스는 지속가능한 발전하기 위해 다양한 정책과 지원이 필수적이다. 특히, 지방정부는 창의적인 소통을 위한 통합 플랫폼에 대한 정책적 지원이 중요하다.

4
에이징 인 플레이스 상권과 로컬 크리에이터

1) 에이징 인 플레이스와 동네 상권

에이징 인 플레이스에서 공동체를 유지하기 위해, 동네 상권은 지역 발전의 핵심 요소로 작용한다. 초고령사회는 인구 감소가 지속될 것으로 예상되므로 이를 완화하거나 젊은 층의 유입을 촉진하기 위해 동네 상권에 대한 관심과 지원이 필요하다.

① 에이징 인 플레이스에서 상권의 역할과 중요성

에이징 인 플레이스는 노후 생활의 품격을 높이고 유지할 수 있는 특별한 지역으로, 지역사회의 지혜와 경험을 공유하며 살아가는 커뮤니티를 의미한다. 앞으로 에이징 인 플레이스는 단순한 주거지를 넘어, 지역사회 모든 구성원이 상생할 수 있는 삶의 터전이 되어야 한다.

에이징 인 플레이스는 자신이 살아온 지역에서 노후 생활을 지속하며 공동체와 교류하며 살아가는 공간을 의미한다. 이러한 공간이 지속 가능해지려면, 에이징 인 플레이스는 지역 공동체와 마을 상권이 함께 상생해야 한다. 마을 상권의 활성화는 노인뿐만 아니라 지역 주민 모두에게 긍정적인 영향을 미친다. 지방정부는 제공하기 어려운 다양한 생활 편익과 서비스를 근린 생활권에서 지속적으로 제공해야 한다.

에이징 인 플레이스는 고령층이 자신의 주택에서 안정적으로 거주를 지속하기 위해, 새로운 삶의 터를 제공하기보다는 기존 주거 환경에 유니버설 디자인을 적용해 개선하는 것이 중요하다. 이 같은 개선이 이루어지기 위해서, 에이징 인 플레이스는 마을 상권의 활성화가 필수적이며, 공동체가 유지되고 상호 협력적으로 성장할 수 있는 환경을 조성해야 한다.

② 에이징 인 플레이스와 동네 상권

동네 상권은 에이징 인 플레이스에서 생활 서비스, 문화 서비스, 복지 서비스를 제공하는 데 중요한 역할을 한다. 이를 효과적으로 구현하기 위한 방법은 다음과 같다.

먼저, 동네 상권의 상점은 다양한 서비스를 제공해야 한다. 에이징 인 플레이스는 근린 상권의 카페, 예술 갤러리, 의료 시설 등을 통해 취미, 문화, 예술, 건강을 쉽게 접하여 삶의 품격을 높일 수 있어야 한다.

노인들은 풍부한 문화와 다양한 서비스를 통해 삶의 만족도를 높일 수 있으며, 지역 상권은 다양한 소비자를 유치하여 경제를 활성화할 수 있다. 이 같은 상호작용은 지역사회 전체의 삶의 품격을 향상시키고, 에이징 인 플레이스는 지역 상권에 활기를 불어넣는 긍정적인 영향을 미친다.

동네 상권은 지역의 특성을 보존하고 발전시키는 데 중요한 역할을 한다. 에이징 인 플레이스는 특색 있는 상점들이 다양성과 창의성을 통해 상품성을 높일 수 있는 환경을 조성해야 한다. 이는 지역 주민뿐만 아니라 외부 방문객들에게도 새로운 경험과 즐거움을 제공한다.

지역 상권의 크기와 특성은 지역마다 다르며, 이에 따라 상권 지원의 편차가 발생할 수 있다. 이 같은 상황에서 중앙정부와 지방정부 간의 협력이 필수적이며, 지역 간 상호 지원을 위한 적극적인 노력이 필요하다.

특히, 동네 상권은 지역사회의 활기를 불어넣는 핵심 요소로 중요하다. 상점들의 상업 활동은 지역 공동체 이벤트와 함께 진행되면 더 많은 홍보와 참여를 유도하여 지역사회와 상권 활성화에 기여할 수 있다. 에이징 인 플레이스는 성공 가능성을 높이기 위해 동네 상인들과의 소통과 교류를 강화해야 한다.

에이징 인 플레이스에서 제공되는 다양한 프로그램과 서비스는 지역 주민 간 지속적인 상호작용을 촉진하고, 새로운 고객 유입을 통해 상권을 활성화할 수 있다. 이는 지역 상권에 새로운 비즈니스 기회를 제공하며, 지역사회와의 유대감을 강화하는 데 기여한다.

에이징 인 플레이스와 동네 상권은 함께 성장하며 지역사회에 긍정적인 영향을 미칠 새로운 흐름을 만들어가고 있다. 이는 지역의 특성을 살리고, 삶의 품격을 높일 수 있는 미래를 기대할 수 있다. 지방정부의 적극적인 역할과 지원은 이러한 발전을 뒷받침하며, 더 나은 지역사회와 삶을 만들어가는 데 중요한 역할을 할 것이다.

2) MZ세대와 에이징 인 플레이스의 상생: 새로운 흐름

앞으로 에이징 인 플레이스의 동네 상권은 MZ세대와 함께 해야 사회적 현실성을 높일 수 있다. 특히, 이때 밀레니얼 세대(M세대)와 Z세대(Z세대)의 새로운 라이프스타일을 모색해야 한다. 이 같은 변화는 동네 상권에 대한 관심으로 이어졌으며, 이는 에이징 인 플레이스와의 상생 측면에서도 의미가 크다.

첫째, 취업 환경과 라이프스타일의 연계이다. MZ세대는 정규직 취업의 어려움과 불안정한 경제적 환경으로 인해 주택 마련과 결혼에 부담을 느끼고 있다. 이러한 어려움은 비혼과 1인 가구 선택으로 이어졌으며, 미니멀 라이프를 추구하는 결과를 낳았다. 이는 가격과 성능을 중시하는 가성비보다는 심리적 안정과 만족감을 중시하는 가심비를 선택하는 경향을 보인다.

둘째, 공유와 협업의 활용이다. MZ세대는 주택이나 차량을 소유하기보다는 임대하거나 공유하는 방식을 선호한다. 창업이나 직업 선택에서도 공유 오피스나 리모트 워크를 활용하여 다양한 장소에서 자유롭게 일하는 방식을 채택하고 있다. 또한,

에이징 인 플레이스는 개인의 취향을 반영할 수 있는 공간이나 자기 계발을 위한 실용적인 공간을 선호한다.

셋째, 문화적 다양성과 레트로 트렌드이다. MZ세대와 에이징 인 플레이스의 공통점은 문화적 다양성을 존중하고 선호한다는 점이다. 이들은 고급스러운 공간보다 실용적이고 창의적인 공간을 선호하며, 이는 '레트로'와 '뉴트로' 트렌드로 이어진다. 옛것과 새것을 동시에 즐기는 이러한 트렌드는 세대 간 공감을 형성하며 동네 상권의 매력을 더한다.

넷째, 상생적 차원의 동네 상권이다. MZ세대의 에이징 인 플레이스에 대한 관심은 동네 상권에 새로운 흐름을 만들어내고 있다. 동네 상권은 작은 공간, 협업, 문화적 다양성을 중심으로 새로운 비전을 제시하며, 활기차고 풍요로운 지역사회를 형성하고 있다. 이는 지역 상권이 세대 간 다양한 기반에서 함께 성장하며 상생적 발전을 이룰 수 있음을 보여준다.

앞으로 중앙정부와 지방정부는 이러한 동향을 주시하며 동네 상권을 지원하는 정책을 적극적으로 마련해야 한다. MZ세대와 에이징 인 플레이스의 상생은 지역사회의 새로운 가능성을 열어가며, 모두가 함께 성장할 수 있는 기반을 마련하는 중요한 계기가 될 것이다.

3) 라이프스타일의 변화와 새로운 로컬 시대

현 상황에서 라이프스타일의 패러다임이 변화하는 에이징 인 플레이스는 이 변화의 흐름에 발맞추며 새로운 지평을 제시하고 있다. 베이비붐 세대의 은퇴와 라이프스타일의 변화는 에이징 인 플레이스 차원에서 새로운 의미를 부여받고 있다.

첫째, 라이프스타일의 다양성과 상호작용이다. 에이징 인 플레이스에서 라이프스타일의 다양성과 상호작용은 핵심적인 요소이다. 은퇴를 시작한 베이비붐 세대는 전통적인 노후의 개념에서 벗어나 다양한 활동과 상호작용을 추구하고 있다. 이러한 라이프스타일의 다양성은 지역사회에 풍부한 이야기와 매력을 더할 수 있다.

둘째, 로컬 크리에이터와의 상생이다. 라이프스타일의 변화와 함께 등장한 '로컬 크리에이터'는 에이징 인 플레이스에서 새로운 문화와 예술을 창출하는 핵심 주체다. 이들은 자신만의 라이프스타일을 바탕으로 지역사회에 활력을 더하며, 에이징 인 플레이스와 지역사회 간의 상생 모델을 제시하고 있다.

에이징 인 플레이스는 로컬 크리에이터와의 협력을 통해 지역의 아름다움과 독창적인 매력을 부각시키고, 지역 경제와 문화 발전에 기여하고 있다. 이 같은 협력은 지역사회에 새로운 가능성을 열어주며 지속적인 발전의 토대를 마련한다.

셋째, 베이비붐 세대의 은퇴와 지역 경제 활성화이다. 베이비붐 세대의 은퇴는 지역 경제를 활성화할 새로운 기회를 제공한다. 이들은 단순한 소비자가 아니라 마을 경제의 주체로서 역할을 할 것이다. 지역 상점, 예술 공간, 커뮤니티에 적극 참여함으로써 에이징 인 플레이스의 발전에 기여하고, 풍요로운 라이프스타일을 가진 공동체를 만들어갈 것이다.

넷째, 지속적인 영감을 주는 라이프스타일이다. 라이프스타일은 에이징 인 플레이스의 형성에 있어 중요한 영감을 제공한다. 베이비붐 세대는 나이에 얽매이지 않고, 은퇴 후에도 새로운 도전과 경험을 통해 지역사회와 활발히 소통하며 상호 작용할 수 있다.

에이징 인 플레이스는 베이비붐 세대의 은퇴와 함께 지역사회에 새로운 라이프스타일의 흐름을 만들어갈 것이다. 또한, 에이징 인 플레이스는 로컬 크리에이터와의 협력을 통해 지역의 다양성을 발굴하고, 지역 경제와 문화 발전의 기회를 창출함으로써 지속 가능한 발전의 사례로 자리 잡을 것이다.

4) 초고령사회: 동네 상권과 로컬 크리에이터의 역할

초고령사회의 동네 상권에서 중요한 요소는 유동 인구와 관계 인구를 포함하는 생활 인구이다. 생활 인구는 지역 상권의 지속성과 유연성을 결정짓는 핵심 요소로, 동네 상권이 지역 특색과 문화를 잘 반영할 때 그 효과는 극대화된다. 특히, 로컬 크리에이터의 활동은 독창적인 콘텐츠와 상점을 통해 지역의 매력을 높이고, 생활 인구를 유도하여 활기찬 도시를 조성하는 데 기여한다.

첫째, 생활 인구와 로컬 크리에이터의 상생 관계이다. 생활 인구는 특정 지역에서 일정 시간 동안 머무르며 지역 공동체와 상호 작용하는 사람들을 의미한다. 로컬 크리에이터는 생활 인구를 기반으로 창의적이고 독특한 콘텐츠와 상품을 개발해 동네 상권의 활성화를 이끌어낸다.

이들은 지역 특성을 파악하고 생활 인구와 지속적으로 소통하며 새로운 아이디어를 창출해 지역의 매력을 강화하는 역할을 한다. 이러한 상생 관계는 생활 인구와 로컬 크리에이터 모두에게 이익을 제공하며, 지역의 성장 가능성을 높이는 데 기여한다.

둘째, 로컬 콘텐츠와 생활 인구의 융합이다. 생활 인구는 지역 주민뿐만 아니라 지역과 관계를 맺고 있는 외부인도 포함한다. 이들은 지역 콘텐츠를 경험하며 새로운 시너지를 창출하는 중요한 주체로 작용한다.

로컬 크리에이터는 지역 특산물을 활용한 제품 개발이나 지역의 역사와 문화를 반영한 스토리텔링을 통해 지역의 매력을 부각시킨다. 이러한 융합은 로컬 콘텐츠를 중심으로 동네 상권의 지속 가능성을 강화하며, 다양성과 차별성을 갖춘 지역 경제를 선도한다.

셋째, 로컬 크리에이터의 창의적 기여와 협력적 거버넌스이다. 에이징 인 플레이스의 로컬 크리에이터는 동네 상권 활성화의 중요한 역할을 맡을 수 있다. 생활 인구를 기반으로 한 창의적인 기여는 지역의 지속적인 발전과 다양성 증진에 기여한다.

이를 실현하기 위해, 에이징 인 플레이스는 지역 주민, 로컬 크리에이터, 생활 인구, 정부 간의 협력적 거버넌스가 필수적이다. 이 같은 협력은 동네 상권 활성화뿐만 아니라 지역사회 전체의 경제적, 문화적 발전을 촉진할 것이다.

5) 노인 로컬크리에이터의 동네 상권 활성화 사례

다음은 노인 로컬 크리에이터가 동네 상권을 활성화한 성공 사례이다.

① 꽈배기나라

시장형 노인 일자리 사업이다. '꽈배기나라'는 서울 은평구 녹번역 인근에서 운영되는 시장형 노인 일자리 사업으로, 60세 이상의 노인 7명이 참여하여 2013년에 문을 열었다. 이 가게는 일반적인 분식 가게와 차별화된 꽈배기 전문점으로 운영되고 있다.

어르신들은 직접 꽈배기를 제조하고 판매하며, 배달 서비스까지 제공하여 고객에게 차별화된 서비스를 선보인다. 은평 시니어클럽이 주관한 이 사업은 노인의 부지런함, 뛰어난 손맛, 그리고 특별한 서비스가 결합하여 성공적인 판매 실적을 기록하고 있다.

참여 노인들은 '꽈배기나라'에서 제빵 기술 교육을 받고 레시피를 익히며 새로운 로컬 크리에이터로 성장하고 있다. 이는 총 13명의 어르신이 2인 1조로 나뉘어 오전반과 오후반으로 교대로 근무하며, 하루 평균 4시간 30분씩 일한다. 이들은 매월 약 60만 원의 월급을 받으며 안정적으로 근무를 이어가고 있다.

은평 시니어클럽은 지역 특색과 상권을 분석하여 노인들이 안정적으로 일할 수 있는 맞춤형 일자리를 제공하였고, 이는 '꽈배기나라'의 성공 요인으로 작용했다.

② 역촌동 바둑학원

노인 일자리 창출의 성공 사례이다. 은평구 역촌동의 바둑학원은 노인 일자리 창출의 또 다른 성공 사례로, 아이템 공모전에서 선정되어 정부와 지역 예산의 지원을 받아 운영되고 있다.

학원은 주로 초등학생들을 대상으로 바둑을 가르치며, 60세 이상의 다양한 경력을 가진 노인들이 강사로 참여하고 있다. 이 사업은 지역 노인들에게 안정적인 일자리를 제공하는 동시에, 바둑이라는 전통적인 게임을 통해 세대 간 소통과 교육의 가치를 실현하고 있다.

이 학원의 노인 강사는 은퇴 전 섬유 관련 회사를 운영했으며, 은퇴 후 바둑 교사로 새로운 도전을 시작했다. 처음 강사로 일을 시작할 당시, 그는 아마추어 5단의 실력을 보유하고 있었지만, 가르친 경험이 부족해 어려움을 겪었다. 그러나 인터넷에서 다양한 교육 자료를 찾아 아이들에게 적합한 강의 방법을 스스로 개발하였고, 점차 인기 강사로 자리 잡았다.

바둑학원의 운영은 노인 일자리 창출을 넘어, 지역사회에서 바둑 교육을 확산시키는 중요한 역할을 하고 있다. 이 학원은 저렴한 수강료를 책정하여 더 많은 지역 학원생들이 등록할 수 있도록 했다. 운영 수익은 대부분 노인 강사의 월급으로 지급

되며, 강사들은 바둑 교육을 통해 최소한의 소득을 얻으면서도 재능 기부의 의미를 더하고 있다.

이런 운영 방식은 학부모들에게도 긍정적인 반응을 얻고 있다. 합리적인 비용으로 자녀들이 양질의 바둑 교육을 받을 수 있을 뿐만 아니라, 지역 고령자들에게 안정적인 일자리와 의미 있는 활동을 제공하기 때문이다.

이 같은 사례는 노인 강사의 열정과 자기 계발이 지역사회와 교육에 어떻게 기여할 수 있는지를 잘 보여준다. 또한, 학원의 포용적이고 지속 가능한 운영 방식은 에이징 인 플레이스의 이상적인 모델로 평가된다. 이는 노인의 경험과 지혜가 지역사회 발전에 긍정적인 영향을 미친 훌륭한 사례로 볼 수 있다.

5

공유경제와 에이징 인 플레이스

1) 공유경제: 에이징 인 플레이스 시대의 혁신적인 도약

에이징 인 플레이스는 전통적인 경제 모델을 넘어 공유경제 플랫폼이 중요한 역할을 하게 될 것이다. 공유경제는 소유와 소비의 개념을 재정의하며, 지역의 지속 가능성과 사회적 연대를 강화할 수 있는 강력한 경제적 도구로 주목받고 있다.

공유경제의 서비스를 확장하려면, 에이징 인 플레이스는 공유 플랫폼의 구축이 필수적이다. 공유경제는 물리적 자원의 소유와 사용에서 시작해 감정, 생각, 경험의 공유까지 확장되는 경제 모델로, 신뢰와 협력을 기반으로 한다. 이는 지역 자원을 효율적으로 활용하고, 공동체 간 협력과 상생을 통해 지속 가능한 가치를 창출할 수 있다.

에이징 인 플레이스에서 공유경제는 중요한 역할을 한다. 저성장 시대에 공유경제는 지역 활성화를 위한 효과적인 방안이 될 수 있다. 고령층의 자산과 경험을 공유경제 플랫폼과 연결하면, 지역 공동체는 고령자와 젊은 세대 간 자산과 가치를 공유하며 새로운 경제적 모델을 형성할 수 있다. 이를 통해 지역사회는 상호 보완적인 경제 체계를 마련할 수 있다.

공유경제의 성공을 위해 지역사회 네트워크 구축이 필수적이다. 지역 구성원의 신뢰와 협력은 공유경제 플랫폼의 핵심이며, 작은 사업체, 예술가, 창작자 등 다양한 지역 구성원이 네트워크를 형성하여 동네 상권의 지속 가능한 발전을 이끌어야 한다.

지속 가능한 소비를 실현하기 위해, 공유경제는 중요한 플랫폼으로 작용한다. 공유경제는 지역 자원을 효율적으로 활용하며 환경적 부담을 줄이고, 지역사회의 지속 가능한 발전을 지원한다. 이를 통해 지역사회 구성원은 자신의 라이프스타일에 맞는 소비 활동을 하면서도 자원의 낭비를 줄이고 환경 보존에 기여할 수 있다.

공유경제의 전망은 밝다. 에이징 인 플레이스에서 공유경제 플랫폼은 새로운 활력과 동력으로 작용할 것이다. 이는 전통적인 경제 체계를 넘어, 지역사회 구성원 간 정보와 경험을 공유하고 사회적 연대를 형성하는 데 기여한다. 세대 간 자산과 경험의 공유는 다양한 세대가 상생하며 함께 발전할 수 있는 기반이 된다. 공유경제는 지역사회의 사회적 발전과 경제적 성장을 촉진하는 촉매제로, 고령사회에서도 지속 가능한 미래를 열어가는 핵심적 도구로 자리 잡을 것이다.

2) 플랫폼 경제: 초고령사회의 새로운 혁신의 중심

플랫폼 경제는 공급자와 소비자 간 연결을 강화하는 새로운 경제 생태계로, 에이징 인 플레이스에서 중요한 역할을 한다. 이 경제 모델은 스마트 기술과 결합하여 새로운 생활 방식을 형성하며, 에이징 인 플레이스의 구성원들이 자원과 서비스를 효율적으로 활용할 수 있는 기반을 제공한다. 이를 통해 다양한 사회적 문제를 효과적으로 해결할 수 있다.

플랫폼 경제는 에이징 인 플레이스에서 노인과 지역사회의 필요를 연결하는 중요한 도구이다. 지역 내 고령층을 위한 맞춤형 의료 서비스, 생활 편의 서비스, 사회적 교류 프로그램

등을 플랫폼을 통해 제공함으로써 사회적 안전망을 강화할 수 있다.

스마트 기술의 도입은 플랫폼 경제를 강화하며 새로운 생활 방식을 형성한다. 예를 들어, 스마트폰 애플리케이션을 통해 고령층이 필요한 서비스를 간편하게 예약하고 이용할 수 있으며, 스마트 홈 기술은 노인의 안전하고 편리한 생활환경을 지원한다. 이러한 기술은 고령층의 독립성과 삶의 질 향상에 기여할 것이다.

플랫폼 경제는 에이징 인 플레이스의 구성원들에게 다양한 자원과 서비스를 제공하며, 동시에 지역사회의 경제 활성화에도 기여할 수 있다. 이는 단순히 서비스를 제공하는 것을 넘어, 노인들이 플랫폼을 통해 자신의 경험과 기술을 공유하고 소득을 창출할 기회를 제공한다. 예를 들어, 노인의 전문성을 활용한 컨설팅 서비스나 지역 특산품 판매 플랫폼을 운영할 수 있다.

플랫폼 경제는 고령화와 같은 사회적 문제를 효과적으로 해결할 수 있는 혁신적인 방법을 제시한다. 이를 통해 다음과 같은 문제해결 방안이 있다.

- ▨ 의료 접근성 강화: 의료 플랫폼을 통해 지역 내 의료 자원을 효율적으로 연결하고, 고령층이 의료 서비스를 쉽게 이용할 수 있도록 지원해야 함.
- ▨ 사회적 고립 감소: 플랫폼을 통해 지역 커뮤니티와 노인의 연결을 강화하여 사회적 교류를 촉진해야 함.
- ▨ 일자리 창출: 플랫폼 경제는 고령층에게 적합한 일자리를 창출하며, 경제적 독립성을 지원해야 함.

플랫폼 경제는 에이징 인 플레이스에서 스마트 기술과 결합해 중요한 역할을 수행할 수 있는 도구이다. 이는 고령층과 지역사회는 효율적이고 지속 가능한 방식으로 문제를 해결하며, 더 나은 삶의 질과 지역사회의 발전으로 이어질 것이다.

① 플랫폼 경제와 에이징 인 플레이스: 협력과 혁신의 경제 모델

플랫폼 경제는 디지털 플랫폼을 중심으로 형성된 혁신적인 경제 모델이다. 기존 상거래와 달리, 다양한 공급자와 소비자가 플랫폼을 통해 교류하고 협력하며 새로운 생태계를 구축한다.

플랫폼 경제는 생산자와 소비자 간의 직접적이고 효율적인 상호작용을 촉진하며, 다음과 같은 특징을 가진다.

▨ 디지털 플랫폼 기반: 온라인에서 거래와 협력이 이루어지는 비즈니스 혁신 모델로, 다양한 서비스와 자원을 연결해야 함.

▨ 다양성과 개인화: 공급자와 소비자가 상호 존중하며, 개인 맞춤형 서비스를 제공받을 수 있도록 설계되어야 함.

▨ 데이터 활용: 빅데이터를 수집·가공하여 개인화된 서비스 제공, 효율적 거래 진행, 소비 예측 및 분석을 가능하게 함. 데이터 디지털화는 플랫폼 경제의 핵심 요소임.

에이징 인 플레이스는 고령층이 자신의 지역사회에서 독립적이고 안정적인 삶을 유지할 수 있도록 돕는 개념이며, 플랫폼 경제는 이를 지원하는 데 적합한 모델이다.

▨ 공유와 협력의 가치: 플랫폼 경제는 자원과 서비스의 상호 공유를 강조해야 함. 특히, 에이징 인 플레이스는 생산자와 소비자 간 경계가 모호해지는 상황에서 구성원 간의 협력이 필수적임.

▨ 프로슈머의 등장: 플랫폼 경제는 생산자와 소비자의 역할을 통합한 프로슈머(생산 소비자)의 참여를 촉진해야 함. 이를 통해 고령층은 단순한 소비자가 아니라 서비스 생산

자로서도 역할을 할 수 있는 기회를 얻음.

- 맞춤형 서비스 제공: 빅데이터와 디지털 플랫폼을 통해 고령층의 개별 요구를 파악하여 개인 맞춤형 서비스를 제공해야 함. 이러한 서비스는 의료, 주거, 교통, 사회적 교류 등 다양한 분야에서 활용될 수 있음.

플랫폼 경제의 장점은 다음과 같다.

- 효율성: 디지털화를 통한 자원의 효율적 배분과 관리
- 혁신성: 새로운 서비스와 사업 모델을 창출하며, 기존 경제 체계와 차별화된 경쟁력 확보
- 포용성: 다양한 사회 구성원이 참여할 수 있는 열린 생태계 구축

플랫폼 경제는 에이징 인 플레이스(Aging in Place)의 협력과 혁신을 강조하며, 저성장 시대에 적합한 디지털 경제 모델이다. 에이징 인 플레이스는 디지털 플랫폼을 활용해 고령층의 삶의 질을 높이고, 사회 구성원 간의 상호작용과 협력을 강화함으로써 새로운 경제 생태계를 열어갈 것이다.

② 에이징 인 플레이스에서 플랫폼 경제의 역할

플랫폼 경제는 에이징 인 플레이스에서 노인들의 생산적 참여를 유도하고, 새로운 경제적 기회를 제공하며, 지역사회의 사회적 연대를 강화하는 데 중요한 역할을 한다.

플랫폼 경제는 고령자에게 새로운 경제 활동의 기회를 제공한다. 노인들은 자신이 쌓아온 경험과 자산을 플랫폼을 통해 공유하며, 소비자이자 생산자인 프로슈머(prosumer)로서 지역사회에 생산적으로 기여할 수 있다. 이를 통해 노인들은 단순히 소비자로 머무르지 않고, 경제 활동의 주체로 활약할 수 있게 된다.

우리 사회는 고령화의 심화로 사회적 고립을 경험하는 노인의 수가 점점 늘어나고 있다. 플랫폼 경제는 이러한 노인들과 지역사회 구성원 간의 협력과 지원을 촉진하여 사회적 연대를 형성하는 중요한 기회를 제공한다. 에이징 인 플레이스는 고령층뿐만 아니라 모든 세대가 함께 사회적 연대를 이루고 협력할 수 있는 기반이 조성된다.

에이징 인 플레이스는 다양한 서비스와 자원을 효율적으로 활용하는 것이 필수적이다. 플랫폼 경제는 이러한 필요를 충족시키며, 효율적인 자원 활용의 기회를 제공한다. 노인들은 자신의 경험과 노하우를 활용해 지역사회에 적합한 서비스를 제공하거나, 플랫폼을 통해 필요한 서비스를 손쉽게 이용할 수 있다.

특히 디지털 플랫폼은 고령자들에게 경제적 기회와 혜택을 제공하는 동시에 사회적 연대를 촉진하고 강화하는 데 기여한다. 이러한 역할을 통해 플랫폼 경제는 고령사회의 지속 가능한 에이징 인 플레이스를 구현하는 핵심적 대안으로 주목받고 있다.

③ 플랫폼와 돌봄 경제의 연계: 에이징 인 플레이스의 새로운 가능성

플랫폼 경제와 돌봄 경제의 연계성은 에이징 인 플레이스에서 특히 두드러진다. 고령화 진행되면서, 에이징 인 플레이스는 돌봄서비스에 대한 수요가 급증하고 있으며, 두 경제 모델의 통합은 노인의 삶의 질을 더욱 향상시킬 수 있다.

플랫폼 경제는 돌봄 서비스를 혁신적으로 통합할 수 있는 경제 모델로 주목받고 있다. 초고령사회에서 노인들은 플랫폼을 통해 돌봄 서비스를 편리하게 이용할 뿐만 아니라, 일자리 창출의 기회도 얻고 있다. 이를 통해 플랫폼 경제는 노인과 사회 구성원 모두에게 혜택을 제공하는 새로운 돌봄 환경을 조성한다.

최근 돌봄 서비스의 플랫폼화가 가속화되면서 이동이 불편

한 노인들도 필요한 서비스를 쉽고 편리하게 찾을 수 있게 되었다. 이는 노인들이 자신의 주택에서 안정적으로 맞춤형 서비스를 이용할 수 있도록 돕는다. 예를 들어, 맞춤형 간호 서비스, 가사 지원, 건강 관리 등 다양한 서비스를 플랫폼을 통해 검색하고 예약하는 방식으로 제공된다.

플랫폼 경제는 사회적 연결성을 강화하는 데 중요한 역할을 한다. 특히 에이징 인 플레이스는 독거노인의 고립과 고독을 해소하고, 노인들에게 다양한 소통과 활동의 기회를 제공한다. 또한, 플랫폼 경제는 노인들이 자신의 경험과 노하우를 지역사회와 공유할 수 있는 기회를 만들어 삶의 만족도와 사회적 참여를 증진시킨다.

고령사회에서 돌봄 경제는 노동 시장의 다양성을 확대하고 있다. 돌봄 서비스에 대한 수요 증가는 플랫폼 경제를 활용한 새로운 직업군의 창출로 이어지며, 돌봄 서비스의 다양화는 더 많은 사람들에게 일자리를 제공한다.

플랫폼 경제와 돌봄 경제를 성공적으로 결합하기 위해서는 정부와 기업 간의 협력이 필수적이다. 안전하고 효율적인 돌봄형 플랫폼 모델을 개발하고 운영하기 위해 정책적 지원과 규제 완화가 필요하다. 이를 통해 지속 가능한 에이징 인 플레이스가 실현될 것이다.

플랫폼 경제와 돌봄 경제는 긍정적으로 상호 작용하여 노인의 삶의 질을 높이는 데 기여한다. 노인은 경제적 가치와 새로운 일자리를 공유하며, 지역사회와 더욱 긴밀히 연대하고 소통할 수 있다. 이로 인해, 초고령사회에서도 지속 가능하고 활기찬 공동체를 구축할 수 있다.

④ 플랫폼 경제와 저성장 시대의 고령자 노동

저성장 시대와 고령화 사회를 맞이한 지금, 새로운 노동 패러다임이 필요하다. 플랫폼 경제는 이러한 변화 속에서 고령자와 사회 구성원에게 새로운 기회와 도전을 제시하며, 다양한 일자리를 제공할 잠재력을 지니고 있다.

플랫폼 경제는 노동 시장에 다양성과 유연성을 가져온다. 특히 고령자는 플랫폼을 통해 수익 창출과 경제 활동의 기회를 모색할 수 있다. 전통적인 노동 패러다임에서는 노동과 소득이 직접적으로 연결되었으나, 플랫폼 경제는 다양한 형태의 소득 창출이 가능하다.

고령자는 플랫폼에서 자신의 소비와 노동을 제공함으로써 지역사회에 적극적으로 참여하고, 이를 통해 경제적 가치를 창출할 수 있다. 플랫폼 경제는 고령자의 경제적 자립을 돕는 동시에 사회적 비용을 줄일 수 있는 중요한 대안으로 주목받고 있다.

플랫폼 경제는 고령자에게 새로운 노동 참여 모델을 제공하며, 이를 통해 노동 시장의 다양성을 확대한다. 고령자는 플랫폼을 활용해 자신의 경험과 자산을 기반으로 새로운 형태의 노동에 참여할 수 있고, 이를 통해 자립적이고 유연한 경제 활동을 이어간다. 이러한 변화는 고령자뿐만 아니라 사회 전반에 지속 가능한 노동 환경을 조성한다.

그러나 플랫폼 경제가 고령자의 노동 참여를 활성화하려면 디지털 기술에 대한 접근성과 교육이 필수적이다. 디지털 기술에 익숙하지 않은 고령자들이 플랫폼 경제에 적극적으로 참여할 수 있도록 교육 프로그램과 지원 체계를 강화해야 한다. 이를 통해 고령자는 플랫폼 경제의 혜택을 효과적으로 누릴 수 있어야 한다.

한편, 플랫폼 경제는 불안정한 보안 문제와 노동자 보호라는 과제를 안고 있다. 이러한 문제를 해결하기 위해, 정부와 기업은 플랫폼 경제에 적합한 규제와 안전망을 구축해야 한다. 플랫폼 노동의 특성을 고려한 사회적 지원 체계와 법적 보호 장치를 마련하는 것은 필수적이다.

플랫폼 경제는 저성장 시대와 고령화 사회에서 노동의 새로운 가능성과 유연성을 제시한다. 고령자는 디지털 플랫폼을 통해 노동 시장에 참여하고 자립하며 경제적 가치를 창출할 수 있다. 이를 뒷받침하기 위해, 에이징 인 플레이스는 교육과 지원체계를 강화하고 규제를 개선함으로써 플랫폼 경제의 안정성을 높여야 한다. 또한, 플랫폼 경제는 전통적 노동 시장과 조화롭게 발전할 수 있도록 균형 잡힌 접근이 필요하다.

⑤ 초고령사회에서 성공적인 플랫폼: 미래 지속 가능성을 모색하다

성공적인 플랫폼은 기존의 원칙을 유지하면서 미래의 지속 가능성을 모색해야 한다. 에이징 인 플레이스에서 플랫폼 경제는 사회적 문제와 경제적 문제를 동시에 해결하며, 삶의 질을 향상시키는 방향으로 발전해야 한다.

고령 친화형 플랫폼 경제는 소생활권의 동네 상권에서 준비되어야 하며, 심층적인 시장 분석을 통해 고령자에게 적합한 상품과 서비스를 제공해야 한다. 이를 위해 타깃 시장을 명확히 설정하고, 노후 생활을 풍요롭게 하는 솔루션을 개발하는 것이 중요하다.

플랫폼 경제는 생산자와 소비자를 모두 아우르는 양면 시장의 발전을 위해 다각적인 전략이 필요하다. 특히, 플랫폼 경제는 공급자와 수요자 중 어디에 초점을 맞출지 신중하게 결정해야 하며, 고령자가 필요로 하는 다양한 서비스와 정보를 제공해 고령자의 관점에서 시장을 형성해야 한다.

에이징 인 플레이스를 지원하는 플랫폼은 유연하고 적응 가능한 원칙에 따라 운영되어야 한다. 이는 고령자의 다양한 생활 방식에 민감하게 대응하며, 사회적 연대를 촉진하는 구조를 의미한다. 더불어 플랫폼은 사회 전반에 긍정적인 영향을 미치기 위해 지속적인 변화와 적응이 필요하다.

무엇보다 성공적인 플랫폼은 고령자와의 협력과 소통을 강화해야 한다. 고령자의 의견을 수렴하고 참여 기회를 제공함으로써 지속 가능성을 확보해야 하며, 고령 친화형 소통서비스를 통해 지속 가능한 비즈니스 모델을 구축해야 한다. 또한, 사회 구성원들과의 협력을 통해 긍정적인 상호작용을 이루는 것이 필수적이다.

앞으로 플랫폼은 단순한 중개 기능을 넘어 다양한 산업과 융합하는 융합형 패러다임으로 전환해야 한다. 이는 노인 고객에게 최적의 서비스를 제공하기 위해 의료, 건강, 교육 등 고령사회에서 중요한 산업 분야와의 협력을 강화하는 방향으로 나가야 한다.

첨단 기술의 활용은 차세대 플랫폼의 핵심 요소이다. 인공지능(AI), 머신러닝, 빅데이터 분석 등 첨단 기술이 적극적으로 적용되어야 하며, 이는 에이징 인 플레이스의 노후 생활에 유용한 맞춤형 서비스를 제공할 수 있다. 예를 들어, AI 기반 의료 서비스는 고령자의 삶의 질을 높이는 데 큰 역할을 할 수 있다.

플랫폼의 지속 가능한 성장은 다양성을 수용하고 개인의 라이프스타일을 존중하는 데서 시작된다. 에이징 인 플레이스는 노인의 다양한 노후 생활을 포괄할 수 있는 플랫폼을 개발하고, 이를 위해 사회적 책임을 강조해야 한다. 플랫폼 경제는 단순한 중개 역할을 넘어 건강, 안전, 사회 참여를 포함한 전반적인 삶의 질 향상에 기여해야 한다.

끝으로, 에이징 인 플레이스에 적합한 플랫폼의 진화는 융합형 산업, 첨단 기술의 접목, 다양한 라이프스타일의 수용, 그리고 사회적 책임이라는 네 가지 핵심 요소를 중심으로 이루어져야 한다.

3) 에이징 인 플레이스 시대를 대비한 플랫폼 전략

에이징 인 플레이스에 적합한 플랫폼을 제공하기 위해서는 변화하는 상황에 유연하게 대응할 수 있는 환경이 필요하다.

첫 번째 전략은 프로슈머 플랫폼을 구축하는 것이다. 생산자와 소비자의 경계가 희미해지는 시장 환경에서 혼선을 줄이고 다양한 참여를 촉진하기 위해, 누구나 쉽게 접근할 수 있는 개방형 프로슈머 플랫폼을 마련해야 한다. 또한 특정 참여자에게는 전문적인 기회를 제공하는 시스템을 도입함으로써, 저성장 시대의 에이징 인 플레이스에서 양면 시장을 통해 네트워크 효과를 극대화하고 고령자의 참여를 확대하여 시장 성장을 도모해야 한다.

플랫폼 경쟁에서 성공하려면 초기 시장에 신속하게 시스템과 네트워크를 구축하는 것이 필수적이다. 프로슈머 플랫폼의 양면 시장은 교차 네트워크를 형성해 플랫폼 시장의 성장을 가속화할 수 있다. 특히 플랫폼 경쟁에서 최소한의 시장 규모를 빠르게 확보하는 것은 성공의 핵심이므로, 선도적인 전략으로 네트워크를 구축하고 시장 규모를 확대해야 한다.

다만, 에이징 인 플레이스 플랫폼은 개방 전략뿐만 아니라 균형 잡힌 품질 관리도 중요하다. 빠른 확산을 통한 규모의 경제 확보는 필수적이지만, 이로 인해 플랫폼 품질이 불안정해질 위험을 간과해서는 안 된다. 네트워크 확장과 함께 품질을 안정적으로 유지하기 위한 운영 원칙을 강화해야 한다. 따라서 사용자 경험을 개선하면서도 품질 관리를 철저히 추구하는 안정적이고 개방적인 플랫폼이 요구된다.

저성장 시대의 에이징 인 플레이스에서는 첨단 기술의 활용이 무엇보다도 중요하다. 4차 산업혁명의 핵심 기술인 빅데이터, 인공지능(AI), 사물인터넷(IoT)은 고령자의 생활 편의성을 높이고 건강한 노후를 지원하는 혁신적 서비스를 개발하는 데 핵심적인 역할을 한다. 특히, 건강과 복지 분야에서 이러한 기술은 에이징 인 플레이스를 더욱 풍요롭게 만든다.

에이징 인 플레이스를 위한 플랫폼은 산업계의 사회적 책임도 강조해야 한다. 플랫폼은 다양한 노후 생활에 대응하고 지속 가능한 서비스를 제공하기 위해 지역사회 이해관계자들과의 협력이 필수적이다. 플랫폼 시스템은 네트워크 구축, 품질과 안전성 관리, 혁신 기술의 활용, 산업계 협력, 그리고 사회적 책임을 중심으로 설계되어야 한다. 이를 통해 플랫폼은 고령자의 풍요로운 삶을 지원하며, 사회 구성원이 함께 공유할 수 있는 지속 가능한 형태로 발전해야 한다.

4) 초고령사회의 플랫폼 산업

① 시니어 헬스케어와 플랫폼 경제의 사례

플랫폼 케어닥은 2018년에 국내 시니어 돌봄 시스템의 한계를 개선하기 위해 개발된 플랫폼이다. 이 플랫폼은 요양시설 찾기, 간호인 매칭, 간호비 정찰제를 통해 요양 등급과 관계없이 돌봄 서비스를 제공하며, 방문 요양 돌봄센터를 직영으로 운영하고 있다.

플랫폼 로완은 노인들에게 특별한 BedTech 플랫폼으로 인식되고 있다. 치매로 고통받는 가족과 보호자를 위해 설립된 로완은 '슈퍼브레인'이라는 디지털 인지 중재 프로그램을 통해 뇌 질환 디지털 치료제를 개발하고 있다. 특히, 60세 이상 152명을 대상으로 한 임상 시험을 통해 그 효과를 입증했으며, 한국형 비대면 치매 예방 전산화 인지 중재 치료 프로그램도 개발 중이다.

플랫폼 정션메드는 '케어, 봄' 베타 서비스를 통해 시니어 맞춤형 헬스케어 플랫폼을 제공하는 헬스케어 플랫폼이다. 이 서비스는 건강 관리 현황, 가족 간 모니터링, 병원방문과 복약알림 서비스 기능을 제공하며, 빅데이터 기반 맞춤형 정보를 지원한다. 또한, 이 플랫폼은 다양한 의료 업무 협약을 통해 서비스를 지속적으로 고도화하고 있다.

플랫폼 포페런츠는 일본과 미국의 '트래블 헬퍼' 서비스를 도입한 스타트업으로, 노인들의 건강한 나들이를 지원하는 플랫폼이다. 이 플랫폼은 전문 사회복지사가 어르신의 상태에 맞춰 가이드라인과 컨설팅을 제공하는 헬퍼 서비스를 운영하며, 스마트 모빌리티 업체 벅시와의 협약을 통해 안전한 이동 서비스를 지원한다. 또한, 이 플랫폼은 정부의 '관광 벤처 사업' 지원사로 선정되어 다양한 분야로 사업을 확장하고 있다.

플랫폼 그레이스케일은 노인장기요양보험 가입자를 위한 이커머스 플랫폼인 '그레이몰'을 운영한다. 이 플랫폼은 큐레이팅 시스템을 활용해 개인별 맞춤형 제품과 정보 콘텐츠를 추천하며, 노인장기요양보험 인정 자격 정보에 따라 연 한도액, 내구연한, 품목별 구매 계획을 자동으로 예측하여 제공한다.

이처럼 다양한 스타트업과 플랫폼은 에이징 인 플레이스와 실버 산업에서 혁신적인 서비스를 통해 더 나은 노후생활을 지원하고 있다.

② 글로벌 실버산업의 플랫폼 경제 사례

노인 케어 산업은 선진국을 중심으로 중요한 산업으로 부상하고 있다. 특히 미국, 일본, 싱가포르와 같은 국가들은 실버 이코노미를 중심으로 혁신적인 동향과 서비스를 주목하고 있다.

미국은 세계적으로 가장 큰 규모의 실버 산업을 보유하고 있으며, 그 시장 규모는 2025년까지 약 3조 5,000억 달러로 성장할 것으로 예상된다. 이는 65세 이상 인구의 증가와 함께 돌봄 서비스에 대한 수요가 급격히 증가하고 있기 때문이다. 이에 미국 정부는 노인 간호 서비스를 강화하기 위한 정책과 예산을 마련하고 있으며, 이러한 지원을 통해 실버 케어 스타트업의 성장이 기대되고 있다.

아시아태평양 지역에서 일본은 실버 산업 성장을 주도하고 있다. 일본은 건강한 노화를 실현하기 위해 다양한 시도를 하며 실버 산업 발전에 앞장서고 있다. 싱가포르는 노인 케어 산업을 실버 시장의 주요 성장 분야로 삼아, 실버 헬스케어 스타트업들이 활발히 활동하고 있다.

이처럼 에이징 인 플레이스의 중요성이 커지면서, 실버 산업과 플랫폼 산업의 연계성이 중요해지고 있다. 실버 산업의 확대와 함께 건강과 복지 플랫폼은 노인들의 건강 상태를 관리하고 일상생활을 지원하는 데 필수적인 도구로 자리 잡고 있다.

미국의 '파파'는 메디케이드와 고용보험을 지원하며 노인과 간호인을 연결하는 플랫폼이다. 싱가포르는 다양한 플랫폼을 통해 노인들에게 맞춤형 생활 및 건강 서비스를 제공하며 건강한 노화를 돕고 있다.

글로벌 실버 산업은 건강과 복지 플랫폼을 중심으로 고령사회의 다양한 수요를 충족하며 지속적으로 성장하고 있다. 앞으로 실버 산업과 플랫폼 산업은 고령자와 사회 구성원의 수요를 충족시키는 다양한 지원과 서비스를 통해 발전할 것이다.

고령친화형 도시환경

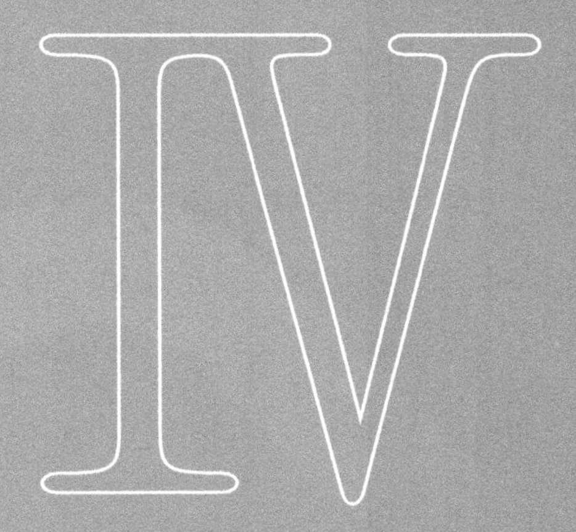

1

고령친화형 생활환경

1) 에이징 인 플레이스와 고령친화형 생활환경

초고령사회로 접어들면서, 노인은 건강하고 활동적인 노후를 즐길 수 있는 생활환경에 관심이 점차 커지고 있다. 이를 지원하기 위한 개념은 바로 '고령 친화형 생활환경'이다. 이 개념은 단순히 노인만을 대상으로 하는 것이 아니라, 사회적 약자를 포함해 모두가 참여할 수 있는 확장된 개념이다.

고령 친화형 생활환경은 노인들이 신체적, 사회적, 정서적 요구를 충족하며 풍요로운 삶의 질을 유지할 수 있도록 설계되어야 한다. 이 같은 환경은 노인들이 건강한 노후를 보장받고, 독립적으로 일상을 관리하며, 사회 구성원이 적극적으로 참여할 수 있다.

에이징 인 플레이스는 고령 친화형 생활환경을 조성하는 한편, 경제적 지원, 행정 서비스, 복지 서비스를 제공함으로써 노인들이 건강하고 활발한 노후 생활을 영위할 수 있도록 돕는 개념이다.

고령 친화형 생활환경은 다음의 다섯 가지 핵심 요소를 포함한다.

▨ **활동적 노후를 위한 지원:** 고령 친화형 생활환경은 노인들이 여가 활동이나 사회 참여를 통해 활발한 노후 생활을 즐길 수 있도록 지원해야 함. 이를 위해 사회 구성원이 함께 노력하여 노인들의 활동적인 삶을 촉진해야 함.

▨ **건강과 안전 보장:** 노인의 건강과 안전을 고려한 환경은 물리적 시설의 편리성과 거주 환경의 안전성을 확보해야 함. 이를 통해 일상생활에서 발생할 수 있는 안전사고와 불편함을 최소화해야 함.

▨ **사회적 유대와 연결 강화:** 노인들이 사회와의 연결을 유지할 수 있도록 지역사회와의 유기적인 관계를 촉진하는 다양한 활동과 서비스를 제공해야 함. 이는 사회적 고립을 방지하고, 노인들이 삶의 주체로서 역할을 지속할 수 있게 함.

- ▨ 주거 환경의 개선: 노인들이 자신의 주택에서 편안히 거주할 수 있도록 주택 내부와 외부를 노인의 신체적 특성에 맞게 개선해야 함. 이 같은 개선은 물리적 편의뿐만 아니라, 노인들의 행복과 안락함을 고려한 유니버설 디자인을 포함해야 함.
- ▨ 지원과 관리를 위한 고령 친화형 플랫폼: 고령 친화형 플랫폼은 주택 수리와 환경 개선을 위해 전문가들이 참여할 수 있는 방안을 마련해야 함. 이를 통해 간단한 집수리에서부터 전문적인 주택 개조까지 다양한 서비스를 제공하며, 행정 서비스와 복지 서비스를 연계하여 노인들이 안전하고 편안한 생활을 유지할 수 있도록 지원해야 함.

2) 고령친화형 생활환경을 위한 적용범위

에이징 인 플레이스는 고령 친화형 생활 환경의 핵심 개념으로, 노인들이 더 나은 삶의 질을 경험할 수 있도록 돕는 것을 목표로 한다. 건강하고 안전한 노후 생활을 유지하기 위해 건강, 안전, 교육, 사회적 연대 등 다양한 측면의 지원이 필요하다.

이 개념은 노인뿐만 아니라 사회적 약자와 여러 사회 구성원이 함께 건강하고 활기찬 생활환경을 조성하려는 노력을 포함한다. 이는 사회 전반에 긍정적인 파급 효과를 가져올 수 있다.

① 고령사회와 주택: 고령친화형 주거환경의 필요성

고령사회는 안전하고 편리한 거주 환경이 가장 중요하다. 노인이 안심하고 생활할 수 있는 주택과 거주 환경은 에이징 인 플레이스를 통해 마련되어야 하며, 이를 위해 새로운 주택 건설뿐 아니라 기존 주택 개조를 포함한 다양한 개선 방안이 필요하다.

새로운 주택은 고령 친화형 설계 요소를 체계적으로 적용해야 한다. 방 문턱 제거, 손잡이 설치, 엘리베이터 도입 등은 이미 일부 적용되고 있으나, 이를 더욱 확대하고 표준화해야 한다. 반면, 기존 주택 개조는 여전히 부족한 상황이며, 특히 소득이 감소한 노인들에게는 주택 개조 비용이 큰 부담이 되므로 이에 대한 지원이 필요하다.

주택 개조는 먼저 노인이 주로 사용하는 침실, 욕실, 부엌 등에서 시작해야 한다. 특히, 난간 설치와 단차 해소는 안전성을 높이는 핵심 요소이다. 고령자의 신체적 약화를 고려해 충돌 위험을 줄이고 단차를 없애는 것은 안전한 이동을 보장하는 데 필수적이다. 또한, 화장실과 부엌에는 미끄럼 방지 바닥재를 설치해 낙상 사고를 예방해야 한다. 이 같은 주택 개조는 노인들에게 안전하고 편안한 주거 환경을 제공한다.

유니버설 디자인은 기존 주택 개조에 완전히 적용하는 데 일부 한계가 있다. 오래된 주택은 설계 단계에서 공간적 제약이 많아 벽과 기둥의 구조 변경이 필요하며, 이는 안전성과 비용 문제로 이어지기 때문이다. 반면, 신규 주택은 설계 단계부터 현관, 침실, 욕실 등에서 충분한 공간을 고려해 유니버설 디자인을 적용하는 데 유리하다.

에이징 인 플레이스에서 고령 친화형 주택은 안전성, 접근성, 편의성을 종합적으로 고려해야 한다. 기존 주택의 개조와 새로운 주택의 건설은 각각의 특성과 조건에 맞게 접근해야 하며, 특히 기존 주택에 거주하는 노인들이 안심하고 건강한 노후를 보낼 수 있도록 지원정책이 필요하다. 이 같은 노력은 안전하고 품격 있는 에이징 인 플레이스를 조성하는 데 크게 기여할 것이다.

② 유니버설 디자인을 적용한 공공시설 공급

최근 베이비붐 세대의 은퇴로 노인 인구가 급격히 증가하면서 에이징 인 플레이스가 주목받고 있다. 안전하고 건강한 생활환경을 조성하기 위해 공공시설과 공공건축물에 유니버설 디자인이 적용되어야 한다.

에이징 인 플레이스는 노인들이 일상생활을 영위하는 데 필수적인 다양한 공공시설과 서비스를 제공해야 한다. 교통, 의료, 문화 등의 서비스는 노인들에게 반드시 필요하지만, 현재 많은 공공시설과 서비스는 여전히 고령 친화적이지 않아 노인들이 이용하는 과정에서 여전히 불편함을 겪고 있다.

에이징 인 플레이스를 위한 주택은 노인의 안전과 편의를 고려하되, 다른 사회 구성원들에게도 불편함이 없는 환경이어야 한다. 새로 건축되는 주택에는 방 문턱 제거, 손잡이 설치, 엘리베이터 도입 등 고령 친화적 설계가 점차 확대되고 있다. 그러나 많은 노인은 낡은 기존 주택에 거주하며, 신체적 약화로 인해 적응하기 어려운 환경에서 생활하고 있다. 또한, 주택 개조 비용이 큰 부담으로 개인적 차원에서 쉽게 개조하기 어려운 실정이다.

노인 주택 개조는 주로 난간 설치, 단차 해소, 미끄럼 방지 작업으로 이루어진다. 난간은 현관, 복도, 화장실, 욕실 등 주요 공간에 설치되어야 한다. 이는 고령자의 안전사고를 예방하는 데 중요한 역할을 한다. 단차 해소는 주택 내부뿐만 아니라 현관과 도로 경계에도 적용되어야 한다. 또한, 미끄럼 방지를 위해 바닥재에 특수 소재를 사용함으로써 낙상사고 위험을 최소화해야 한다.

현재 많은 공공시설은 유니버설 디자인을 적용하여 건설되거나 개조되고 있다. 대형 백화점과 국립 박물관 등에서는 휠체어 사용자를 위한 화장실, 세면대, 수유실, 주차장을 제공하여 노인뿐 아니라 장애인에게도 편리한 환경을 조성하고 있다.

베이비붐 세대의 은퇴는 에이징 인 플레이스에서 유니버설 디자인의 필요성이 더욱 중요해지고 있다. 유니버설 디자인은 노인들이 자유롭고 편안하게 생활할 수 있는 기반을 제공하는 동시에 사회 구성원 전체의 안전과 편의를 고려한 설계 방침이다. 이는 다양한 수요를 충족시키는 동시에 사회적 비용을 줄이는 장점이 있다.

에이징 인 플레이스는 단순히 고령자를 위한 생활 공간을 넘어 사회 구성원 모두를 위한 환경 조성을 목표로 한다. 유니버설 디자인을 성공적으로 적용하기 위해 사회 구성원 전체가 협력하여 더 나은 미래의 생활환경을 구축해야 한다.

③ 유니버설 디자인의 적용된 에이징 인 플레이스의 원칙

앞으로 에이징 인 플레이스는 노후 생활을 지원하기 위해 주택 단위를 넘어 마을이나 지역 공동체 차원에서 유니버설 디자인의 중요성이 더욱 커질 것이다. 이는 건물 설계에 국한되지 않고, 마을 전체에 적용해야 함을 의미한다. 노인들이 마을과 공동체를 안전하게 이용하고 생활할 수 있도록 물리적 환경과 사회적 환경을 조성하는 것이 필수적이다.

마을의 다양한 시설은 효율적인 교통망과 잘 연결되어야 한다. 에이징 인 플레이스는 노인들이 독립적으로 이동할 수 있는 환경을 목표로 하므로, 보행 환경 개선뿐만 아니라 대중교통의 적절한 배치가 필요하다. 교통 접근성은 다른 마을과도 연결함으로써 지역사회 간 협력과 교류를 증진하고, 노인들의 삶을 더욱 풍요롭게 만든다. 이러한 연계는 고령자의 사회적 활동을 증가시키는 데도 기여한다.

또한 유니버설 디자인을 적용할 때, 에이징 인 플레이스는 기존 마을의 정체성을 훼손하거나 단절시키지 않아야 한다. 새로운 디자인은 기존 문화와 조화를 이루어야 노인이 더 쉽게 수용할 수 있기 때문이다.

유니버설 디자인은 물리적 개선뿐만 아니라 심리적·사회적 정체성도 함께 고려해야 한다. 노인은 자신이 축적한 가치와 경험이 마을에서 존중받고 공유되기를 원한다. 따라서 유니버설 디자인은 단순한 시설 개선을 넘어, 사회적 연대를 강화하고 사회적 가치를 공유하는 방향으로 발전해야 한다.

성공적인 유니버설 디자인의 적용과 지속적인 관리를 위해 정부의 제도적·재정적 지원이 필수적이다. 에이징 인 플레이스를 위한 유니버설 디자인은 공급뿐만 아니라 유지 보수와 관리도 중요하므로, 이를 뒷받침할 수 있는 정부 차원의 지원 방안이 마련되어야 한다.

에이징 인 플레이스는 다양한 개성과 라이프스타일을 가진 주민들이 서로를 존중하고 협력할 수 있어야 한다. 이를 위해 지역 주민들은 마을에서 안심하고 풍요로운 삶을 영위할 수 있도록 함께 노력해야 한다.

④ 고령친화형 교통시설

고령 친화형 교통시설은 에이징 인 플레이스를 위한 중요한 구성 요소로, 노인들의 일상생활과 이동에 큰 영향을 미친다.

교통시설은 유니버설 디자인이 적용하여, 접근성과 편의성을 높여야 한다.

고령 친화형 교통시설은 다양성을 반영해야 한다. 노인의 판단력, 운전 능력, 경제적 상황, 노화 정도 등 여러 요인이 교통수단 선택에 영향을 미치기 때문에, 개인의 특성과 수요를 반영한 맞춤형 접근이 요구된다.

이미 많은 대중교통 체계는 고령 친화적 디자인을 도입하고 있다. 버스와 지하철은 이동 경로 정보를 쉽게 파악할 수 있는 시스템, 명확한 표지판, 고령자 전용 좌석 등 편의서설을 갖추고 있다. 이는 노인뿐 아니라 모든 이용자에게 편의를 제공한다.

고령 친화형 교통시설은 에이징 인 플레이스에 필수적인 요소이다. 이는 철저한 수요 분석을 바탕으로 안전하고 접근 가능한 시설을 공급해야 한다. 또한, 교통시설은 유니버설 디자인의 기본 원칙을 적용하여 모든 이용자가 안전하고 편리하게 이용할 수 있도록 개발되어야 한다.

교통시설은 에이징 인 플레이스의 다양한 요구를 반영하여 설계되고 개선되어야 한다. 예를 들어, 유니버설 디자인이 적용된 보행자 도로는 노인들이 안전하고 독립적으로 이동할 수 있는 환경을 조성해야 한다. 대표적인 사례는 다음과 같다.

- 휠체어 이용자를 위한 충분한 도로 폭 설계
- 미끄럼 방지 기능을 갖춘 바닥재
- 시각적 식별을 위한 포장 색과 점자 블록
- 체력이 약한 이용자를 위한 휴게시설
- 안전을 강화하는 경고 장치

고령 친화형 교통시설은 노인의 안전과 편의를 보장하는 동시에, 모든 사회 구성원이 함께 이용할 수 있는 포괄적인 환경을 조성해야 한다.

⑤ 고령친화형 공원시설: 노인들을 위한 새로운 경험의 장

노인 인구의 급격한 증가는 기존 도시 구조와는 다른 새로운 생활환경을 요구하고 있다. 특히, 도시공원은 고령사회에서 노후 생활의 질을 향상시키고 사회적 유대 관계를 증진하는 중요한 공간으로 부각되고 있다. 이를 반영해 국회에서는 노인 공원 법률 발의를 추진하며, 소공원과 어린이공원을 노인 공원으로 전환하는 방안을 논의하고 있다.

에이징 인 플레이스에서 공원은 단순히 노인의 휴식 공간을 넘어 여가 활동과 사회적 소통을 촉진하며, 공동체의 품질을

향상시키는 데에 핵심 역할을 한다.

노인 인구 증가로 인해, 앞으로 도시공원의 수는 수요를 충족하기에 부족하다. 이미 개발된 도시에서는 새로운 공원을 조성하기 위한 부지 확보가 어려운 상황이기 때문이다. 그러나 양천구 '오솔길 실버공원' 사례처럼 기존 공원을 노인 친화적인 환경으로 개조하는 것은 실현 가능한 대안으로 주목받고 있다.

앞으로 도시공원은 유니버설 디자인 원칙을 적용하여 노인뿐만 아니라 사회적 약자도 함께 이용할 수 있는 공간으로 조성해야 한다. 이는 세대 간 어울림과 사용자 중심의 공간 활용이 가능해지며, 공원이 소셜 믹스의 중심지로 작용할 수 있다.

다른 방안은 기존 소공원이나 어린이 공원을 노인공원으로 개조할 때, 유니버설 디자인을 적용한다면 보다 안전하고 건강한 생활공간을 조성할 수 있다. 이는 노인뿐만 아니라 모든 사회 구성원의 삶의 질 향상에 기여할 것이다.

⑥ 고령친화형 문화, 복지, 체육시설

고령사회로 빠르게 진입하면서, 에이징 인 플레이스는 노인을 위한 문화, 복지, 체육시설에 대한 수요가 증가하고 있다. 고령사회의 편의시설은 기존 시설과는 질적·양적으로 달라져야 하며, 신체 기능이 약화한 노인들이 생활 속에서 겪는 어려움을 해소할 수 있는 있도록 구축해야 한다. 이를 위해 정부의 정책뿐만 아니라 민간 영역에서도 노인 맞춤형 문화, 건강, 복지 시설과 프로그램을 운영해야 함을 의미한다.

행복하고 건강한 노후 생활은 국가와 개인 모두에게 긍정적인 영향을 미친다. 노인이 건강한 노후를 보내면 의료비 부담이 줄어들어 국가 재정의 건전성이 좋아진다. 따라서 건강한 에이징 인 플레이스를 실현하기 위해 보다 전문적이고 체계적인 대안을 마련하는 것이 중요하다.

빛고을 노인건강타운은 건강한 에이징 인 플레이스를 위한 대표적인 사례이다. 광주광역시 남구 노대동에 위치한 이 시설은 2005년 3월부터 2010년 6월까지 약 5년에 걸쳐 총 558억 원의 예산으로 조성되었다. 규모는 총면적 211,256㎡이며, 주요 시설은 9홀 골프장, 골프 연습장, 체육시설, 문화시설 등이 있다.

또한, 빛고을 노인건강타운은 노인들의 행복한 삶을 지원하기 위해 다양한 프로그램과 혜택을 제공하고 있다. 이 때문에 코로나19 이전인 2019년에는 연평균 120만 명의 노인이 방문했으며, 광주에 거주하는 60세 이상 노인은 누구나 회원으로 가입해 이 같은 혜택을 누릴 수 있다.

빛고을 노인건강타운의 프로그램은 요일별, 시간대별로 구성되어 노인들이 신청과 참여에 따라 이용할 수 있다. 대표적인 프로그램은 노래 교실, 웃음 레크리에이션, 음악·영화 감상, 문화 교육, 실생활 상담 프로그램 등이 있다. 대부분의 수강료는 월 5,000원 정도로 저렴하며, 국민기초생활수급자는 면제 혜택을 받을 수 있어 노인들의 방문을 높이고 있다.

특히, 인기 있는 시설은 수영장, 목욕탕, 당구장, 탁구장, 노래방, 헬스장이며, 상시 이용이 가능하다. 국가보훈대상자와 장애인(1~6급)은 시설 이용료의 50%를 할인받고, 국민기초생활수급자는 모든 프로그램과 시설 이용료가 면제된다. 또한, 점심은 1인당 1,500원의 저렴한 가격에 제공되며, 건강타운 방송실에서는 포크송과 트로트를 배경음악으로 한 식후 산책 프로그램도 운영된다.

빛고을 노인건강타운은 노인의 문화적·사회적 욕구를 충족시키는 동시에, 건강하고 활기찬 노후 생활을 지원하는 성공적인 사례로 평가받는다.

3) 에이징 인 플레이스를 위한 유니버설 디자인 기법

① 고령친화형 주거환경과 유니버설 디자인: 전문가적인 접근

노인 인구의 증가는 주거 환경과 디자인에 대한 새로운 수요를 가져오고 있다. 이로 인해, 노인의 신체적 특성을 고려한 고령 친화형 주거 환경 조성은 중요한 과제이며, 이를 해결하기 위해 유니버설 디자인 원칙은 효과적인 대안으로 주목받고 있다. 유니버설 디자인은 노인의 다양한 수요를 충족할 수 있는 실질적인 해결책을 제공한다.

고령 친화형 주거 환경은 다음과 같은 사항을 고려해야 한다.

- ▨ 감각 기능 저하 대응: 노안과 시력 저하로 인한 불편을 줄이기 위해 간접 조명 기구, LED 조명, 대비 색상을 효과적으로 활용해야 함. 또한, 사물인터넷(IoT) 기술을 도입해 조명을 자동으로 조절하는 시스템을 설치하면 안전성을 크게 높일 수 있음.
- ▨ 후각과 청각 저하에 대한 안전장치: 후각과 청각 저하로 인한 사고를 방지하기 위해 가스 감지 장치와 경고등을 설치해야 함. 바닥 난방 시스템을 개선하고, IoT 기반 디지털 조절 장치를 활용해 바닥 온도를 효율적으로 관리함으로

써 생활 편의성을 증대시킬 수 있음.

- ▨ 기억력 감퇴 대응: 기억력 감퇴 대응을 위해 체계적으로 설계된 수납 공간을 통해 혼란을 줄이고 실생활의 편의성을 높임.
- ▨ 근력과 지구력 저하: 미끄럼 방지 바닥재를 설치하고 단차를 제거하며, 통로에 난간과 안전손잡이를 설치하여 이동의 안정성을 보장할 수 있음.
- ▨ 생리 기능 저하에 대한 대응: 침실과 화장실 간 동선을 최적화하고, 방음 설계와 암막 커튼 등을 활용해 노인의 생리적 불편을 최소화해야 함.

유니버설 디자인이 적용된 고령 친화형 주거 환경은 노인의 안전과 편리를 모두 고려하고 있다. 이는 단순히 주거 편의성을 높이는 것을 넘어, 고령자의 삶의 질을 본질적으로 향상시키는 중요한 요소이다.

② 유니버설 디자인을 적용한 고령친화형 주거환경 사례

㉠ 에이징 인 플레이스를 위한 고령친화형 침실과 현관

고령 친화형 침실과 현관 디자인은 안전과 편의성 측면에서 매우 중요하다. 노인들이 많은 시간을 보내는 공간인 만큼, 이 공간의 디자인은 노인의 안녕과 편안함에 직접적인 영향을 미친다.

침실은 노인이 휴식을 취하고 일상생활을 준비하는 곳으로, 고령자의 요구에 맞춰 섬세하게 조성되어야 한다. 효율적이고 안전한 난방 시스템은 매우 중요한 고려 사항이다. 노인은 기초대사량이 낮아 추위를 쉽게 느끼므로, 난방 설계는 따뜻하고 편안한 환경을 제공해야 한다. 이는 움직임이 제한된 노인의 생활 질을 높이는 데 도움이 된다.

현관은 주택의 출입구로서 안전성과 편의성을 보장하는 디자인이 필수적이다. 문턱은 단차를 없애고 진입로의 경사는 최소화해야 한다. 출입문에는 디지털 도어락과 시각적 알람 장치를 설치해 외부 위협으로부터 보호해야 한다. 또한, 가방을 놓거나 앉을 수 있도록 선반과 접이식 의자를 설치해 편리함을 제공하는 것이 바람직하다.

침실은 가구 배치와 동선을 노인의 안전한 이동을 중심으로 설계해야 한다.

- ▨ 가구 배치: 접근성과 이동의 편리성을 보장하고 안전사고를 방지하기 위해 공간을 효율적으로 활용해야 함.
- ▨ 조명 설계: 감각 기능이 약화된 노인에게 적합한 조명 환경이 필수적임. 침실 입구와 침대 주변에 스위치를 설치해 접근성을 높여야 함. 또한, 자연채광과 인공조명을 적절히 결합해 쾌적하고 균형 잡힌 조명 환경을 조성해야 함.

주택 바닥은 미끄럼 방지 재질을 사용하고, 대비되는 색상을 활용해 시각적 효과를 극대화함으로써 어지러움을 줄여야 한다.

- ▨ 단차 제거: 문턱과 바닥의 단차를 없애 주택 내부 이동을 더욱 편리하게 해야 함.
- ▨ 보조기구: 이동 보조기구와 레버형 손잡이를 설치해 노인의 이동 안정성을 보장해야 함.

이 같은 유니버설 디자인을 적용한다면, 노인의 안전과 편의성을 높일 수 있다. 또한, 안전사고를 예방하여 주택 내에서 고령자의 삶의 질과 만족도를 향상시킬 수 있다.

㉡ 고령자 안전을 고려한 욕실 개조

욕실과 화장실은 낙상과 같은 안전사고가 자주 발생하는 공간이므로 고령자의 안전을 위해 신중하게 설계해야 한다. 욕실과 화장실은 전문가의 조언을 활용해 안전성과 편의성을 극대화하는 것이 중요하다.

- ▨ 욕실 안전성 강화: 고령자의 감각 기능 노화를 고려해 욕실 시설과 보조기구를 적절히 배치해야 함.
- ▨ 맞춤형 설계: 설계 단계에서 세밀한 상담을 통해 불편 요소를 제거하고, 노인의 취향과 특성을 반영해 선택의 기회를 제공해야 함.
- ▨ 비상 설비와 환경 개선: 비상 상황에 대비한 설비를 마련하고, 욕실의 쾌적성과 청결감을 높이기 위해 조명과 색채를 고려한 설계가 필요함.

세면대와 샤워 부스는 고령자의 신체적 특성에 맞게 디자인하고 배치해야 한다.

- ▨ 세면대: 높이 조절 기능을 포함해 노인과 사회적 약자의 편의성과 기능성을 강화해야 함. 이는 유니버설 디자인 원칙을 통해 해결할 수 있음.

▨ 샤워 시설: 미끄럼 방지 기능을 갖추고, 샤워기의 위치 조절과 안전장치를 포함하도록 설계해야 함.

양변기는 안전사고 예방을 위해 안전바 설치와 비상 호출기의 위치를 신중하게 고려해야 한다. 욕조는 낙상 사고가 자주 발생하는 곳이므로, 욕조 높이를 조절하고 지지대를 설치해 안전성을 강화해야 한다. 수납공간은 안전성과 편의성을 고려해 위치와 높이를 설계해야 한다. 자동 또는 수동 조절 장치를 활용해 노인의 접근성과 사용 편의성을 높여야 한다.

고령자의 신체 특성을 고려한 욕실과 화장실은 맞춤형 설계가 필요하다. 디자인 과정에서 낙상 사고 방지와 사용 편의성을 동시에 검토하고, 고령자의 동선에 맞춰 시설을 배치해 쾌적한 환경을 조성해야 한다. 이와 같은 개선을 통해 안전하고 편리한 욕실 환경을 마련함으로써 노인의 삶의 질을 높이고 사고를 예방할 수 있다.

ⓒ 고령자를 위한 고령친화 부엌과 수납공간 디자인

안락한 노후 생활을 위해 부엌은 고령 친화형 디자인이 필수적이다. 노인의 동선과 신체적 특성을 고려해 공간을 설계하고 배치해야 하며, 작업 공간과 수납공간에 맞춤형 디자인을 적용하는 것이 중요하다.

부엌 동선은 L자형 구조로 배치하는 것이 이상적이다. 이는 이동과 작업을 편리하게 하여 안전성과 효율성을 높인다. 또한, 부엌의 색채는 명도 차이를 크게 두어 시각적으로 안전한 공간을 조성해야 한다.

싱크대의 높이, 재질, 색채는 고령자의 사용 편의성을 고려해 설계해야 한다. 허리를 굽히지 않아도 사용할 수 있도록 구조를 개선하고, 휠체어 사용 시에도 편리한 설계를 적용해야 한다.

- ▨ 서랍: 싱크대 아래에 배치하되, 허리를 과도하게 굽히지 않아도 물건을 넣고 꺼낼 수 있도록 설계해야 함.
- ▨ 코너 서랍: 기존에 사용하지 않던 코너 공간을 활용해 원통식 또는 룰렛식 레일로 맞춤형 제작이 가능함. 이를 통해 공간 활용과 안전성을 동시에 확보할 수 있음.
- ▨ 캐비닛: 일반적으로 높은 곳에 있어 사용이 불편하므로, 전자 구동식이나 리프트식 캐비닛을 배치해야 함. 캐비닛 문은 열고 닫기 쉽고 안전하게 설계해야 함.

부엌은 노인의 일상에서 가장 자주 사용되는 공간이므로, 시설과 수납 공간이 편리하고 안전해야 한다. 이는 노인의 삶의 질을 향상시키고 건강하고 행복한 노후를 지원할 것이다.

③ 유니버설 디자인 적용한 고령친화형 공공시설

㉠ 고령친화형 공공문화시설: 모두를 위한 편의시설

사회 구성원의 삶의 질을 높이기 위해 주목해야 할 분야 중 하나는 문화시설이다. 공공문화시설은 노인의 문화 활동을 적극 지원하며, 물리적 환경 개선과 유용한 프로그램 제공을 통해 그 역할을 확대해야 한다.

서울 월드컵경기장은 유니버설 디자인 도시 조성 기본 조례를 바탕으로 건설된 대표 사례로, 교통 약자와 장애인을 배려한 설계를 통해 고령자와 사회적 약자를 포함한 모든 이용자에게 편리한 환경을 제공하고 있다.

국립중앙박물관은 안전 취약 계층을 위해 수화 통역 서비스(청각 장애인)와 음성 해설 서비스(시각 장애인)를 도입해 고령자와 장애인이 편리하게 문화시설을 이용할 수 있도록 지원하고 있다.

국립현대미술관과 서울도서관은 장애인과 노인을 위해 전동 휠체어, 장애인 화장실, 독서 확대기, 점자 도서, 촉각 도서,

점자 키보드, 유도 블록 등 다양한 편의시설을 제공하고 있다.

국립아시아문화전당과 대한민국역사박물관은 점자 안내판, 수화 통역 전시 해설, 휠체어 대여, 무빙 안내 스크린, 장애인 화장실 등을 통해 고령자와 장애인이 더욱 편리하게 시설을 이용할 수 있는 환경을 조성하고 있다.

공공문화시설은 단순한 물리적 편리성 개선을 넘어, 고령자와 사회적 약자를 위한 맞춤형 서비스와 정보를 제공해야 한다. 이는 고령자가 적극적으로 문화 활동에 참여할 수 있도록 지원해야 한다.

앞으로 더 많은 노인과 사회적 약자가 문화·예술 공공시설을 찾을 수 있도록 물리적 환경 개선과 특별한 서비스 제공에 힘써야 한다.

ⓛ 고령친화형 공공교통시설: 유니버설 디자인의 현실화

노인 인구의 증가로 인해 교통시설에 고령 친화형 디자인의 필요성이 더욱 커지고 있다. 버스 정류장은 이러한 사회적 수요를 반영한 대표적인 공공시설로, 다양한 아이디어가 적용되고 있다.

밀폐형 쉘터 정류장은 헬스케어, 정보 제공, 편의 기능, 안전

기능 등 혁신적 디자인을 도입해 쾌적한 환경을 제공한다. 냉난방기, 공기청정기, UV 공기 살균기를 통해 정류장의 공기 질과 온도를 개선하고 있다.

에어커튼형 정류장은 개방형 구조를 유지하면서 에어커튼을 통해 공기와 온도를 조절한다. 이를 통해 고령자와 교통 약자가 안전하고 편안하게 대중교통을 기다릴 수 있도록 설계되었다.

또한, 정류자는 사용자 편의를 위해 무료 Wi-Fi, 핸드폰 충전기, 비상벨, CCTV 등 다양한 편의시설도 설치되고 있다. 이는 고령자와 교통 약자의 안전과 편의성을 보장하는 데 중요한 역할을 한다.

그러나 과도한 디지털 장치는 디지털 환경에 익숙하지 않은 노인에게 불편을 초래할 수 있다. 예를 들어, 버스정보시스템(BIT)과 키오스크 같은 시스템은 많은 어려움과 혼란을 야기할 수 있다. 따라서 직관적이고 쉬운 정보 전달 방안이 필요하다.

앞으로 공공교통시설은 유니버설 디자인을 적용해 모든 이용자가 편리하게 사용할 수 있는 환경을 조성해야 한다. 동시에 혁신적 디자인과 4차 산업혁명 기술을 도입해 더욱 안전하고 편리한 교통시설을 제공함으로써 사회 구성원의 삶의 질을 향상시켜야 한다.

④ 유니버설 디자인의 글로벌 전략: 고령사회를 위한 대안

많은 국가는 유니버설 디자인을 중요한 대안으로 채택하고 있다. 아래는 선진국에서 유니버설 디자인이 적용된 주요 사례들이다.

㉠ 싱가포르

싱가포르는 '모든 세대를 위한 살 만한 도시(Livable City for All Ages)'를 목표로 유니버설 디자인을 적극적으로 도입하고 있다. 이러한 노력을 인정받아 64개의 공공시설과 건축물이 유니버설 디자인상을 수상하였다.

대표적인 사례로는 Tampines 초등학교, Khoo Teck Puat 병원, United World 대학 등이 있다. 이들 시설은 노인을 포함한 모든 세대를 위한 친화적인 디자인을 도입하여 유니버설 디자인의 모범 사례로 평가받고 있다.

또한, 싱가포르는 2013년 유니버설 디자인 인증 제도를 도입하여 176개의 시설과 건축물을 평가하고 체계적으로 관리하고 있다. 이는 유니버설 디자인의 지속 가능성을 확보하고, 보다 살기 좋은 도시 환경을 조성하는 데 기여하고 있다.

ⓛ 일본과 홍콩

일본의 지방자치단체들은 유니버설 디자인의 확산과 정보 교류를 위해 세미나와 심포지엄을 정기적으로 개최하고 있다. 또한, 공모전, 민관 협력, 연수 프로그램 등을 통해 유니버설 디자인을 적극 추진하고 있다.

이 같은 활동을 통해 일본의 지방자치단체는 다양한 정보와 매뉴얼을 제공하여 고령자의 편의를 증진하고, 유니버설 디자인의 실질적 적용을 도모하고 있다.

홍콩은 지하철에 유니버설 디자인을 선도적으로 활용하고 있다. 특히, 표시 체계와 가이드라인에 유니버설 디자인을 반영해 이용자의 편의성을 크게 향상시켰다.

서체, 색상, 핸드레일, 시각장애인을 위한 유도 블록 등 다양한 요소에 유니버설 디자인 원칙을 철저히 적용하여 고령자와 교통 약자를 포함한 모든 이용자의 안전과 편의를 보장하고 있다.

성공적인 선진국의 사례는 유니버설 디자인의 확산을 위해 적극적인 정부 지원과 인센티브 제도가 마련되었다는 공통점이 있다. 고령 친화형 도시를 조성하려면 체계적이고 지속적인 정부 지원이 필수적이다.

4) 에이징 인 플레이스: 유니버설 디자인의 새로운 지평

고령사회의 주요 특징 중 하나는 주택 내 안전사고의 증가이다. 이를 해결하기 위해 주택 개조는 필수적이다. 특히 침실과 욕실의 낙상사고와 계단 및 방 문턱에서의 사고는 안전사고의 주요 원인이다.

에이징 인 플레이스는 고령자의 주거 환경에서 안전사고 위험을 최소화하고, 안전하고 편리한 생활 공간을 제공하는 것을 목표로 한다. 이를 위해 주택 내 안전사고의 원인을 제거하는 것이 중요하다.

▨ 방 문턱 제거: 바닥 높이를 맞추고 미끄럼 방지 재질을 사용해 안전한 주거 환경을 조성해야 함.

▨ 조명 설계: 조도를 적절히 유지해 노인의 안전한 이동을 돕고 사고를 예방해야 함.

에이징 인 플레이스의 핵심은 단순히 노인을 위한 주거 공간이 아니라 모든 세대의 라이프스타일을 존중하는 공간이라는 점이다. 은퇴 이후 다양한 라이프스타일을 인정하는 것은 지역 공동체의 유대 관계를 강화하고 신뢰와 협력을 이끌어낸다.

즉, 에이징 인 플레이스는 단순한 주거 공간이 아닌 지속 가능한 커뮤니티와 생활권이다. 노년층과 젊은 세대가 함께 생활하며 세대 간 노하우와 경험을 공유하고 서로를 지원하는 공동체를 만드는 것이 중요하다.

더 나아가, 에이징 인 플레이스는 세대 간 활발한 소통을 통해 풍요로운 삶의 가치를 높이는 공간이어야 한다. 이로 인해, 노년층과 젊은 세대가 서로를 긍정적으로 인식하고 존중하며 지속 가능한 사회를 구축할 수 있다.

2

제3의 장소와 사회적 자본

1) 제3의 장소

① 도시 속의 사회적 교류 중심

도시의 여러 공간 중 '제3의 장소(Third Place)'는 도시민의 사회적 교류를 촉진하고 다양한 활동이 이루어지는 중요한 공간이다. 집과 직장 외의 중립적 장소에서 사람들은 서로 만나 소통하고 친분을 쌓으며 삶을 더욱 풍요롭게 만든다. 이러한 제3의 장소는 카페, 공원, 작은 서점 등 다양한 형태로 나타난다.

카페는 이웃들이 쉽게 모여 편안하게 대화를 나누며 일상의 스트레스를 잊을 수 있는 대표적인 제3의 장소로 자리 잡고 있다. 제3의 장소는 다양한 문화와 연대감이 교류되는 공간으로, 사회 구성원 간의 포용성과 공동체의 매력을 높이는 데 이바지 한다.

특히, 에이징 인 플레이스는 이웃들이 자유롭게 모여 대화와 친분을 나누며 활기찬 에너지를 형성하는 데 제3의 장소가 중요한 역할을 한다. 이러한 장소는 도시민의 소속감을 강화하고, 공동체의 활력을 증진시키는 공간으로 그 가치가 더욱 인정받게 된다.

② 고령사회와 제3의 장소

제3의 장소는 노인의 사회적 교류적 측면에서 더욱 중요해지고 있다. 과거 대가족 사회에서는 가족 중심의 소통이 활발했으나, 현대 사회는 1~2인 가구 증가와 가족 해체로 인해 노인의 사회참여와 삶의 질을 유지할 새로운 대안이 필요하다.

이러한 맥락에서 제3의 장소는 지역사회 공동체와 노인이 함께 소통하고 참여할 수 있는 중요한 역할을 한다. 노인은 경제적 어려움과 신체적 노화로 인해 지역사회의 도움이 필요하기 때문에, 사회적 교류와 물리적 만남을 위한 제3의 장소를 조성해야 한다.

고령 친화형 제3의 장소는 노인이 쉽게 이동하고 교류할 수 있는 공간이어야 한다. 대표적 사례는 주택 근처의 카페, 도서관, 교회, 노인회관 등이다. 이 공간은 노인과 지역 주민이 손쉽게 접근할 수 있도록 설계되어야 한다.

제3의 장소는 접근성을 높이기 위해 휠체어 진입로, 비상벨, 적절한 조명 등 다양한 편의시설을 갖추고, 모든 연령대가 이용하기에 편리한 환경을 제공해야 한다.

고령친화형 제3의 장소는 단순한 물리적 공간을 넘어 노인의 교류와 협력을 촉진하는 사회적 플랫폼 역할을 해야 한다. 제3의 장소는 소모임, 문화 행사, 봉사 활동, 종교 활동 등 다양한 프로그램을 제공하여 노인이 지역 공동체와 원활히 소통하고 사회참여를 할 수 있도록 해야 한다.

제3의 장소가 성공적으로 운영되기 위해서, 정부의 지원과 지역 주민의 적극적인 참여가 필수적이다. 지역사회 구성원의 협력은 제3의 장소를 활성화하고 지속할 수 있게 만드는 핵심 요소가 된다.

제3의 장소는 고령사회에서 노인과 지역 공동체가 안심하고 풍요로운 생활을 누릴 수 있는 안식처이다. 노인은 가족과 집 밖의 공간에서 사회적 교류를 즐기고, 지역 주민과 함께 소통하며 다양한 문화 활동을 할 수 있어야 한다.

③ 사회적 기회 요소: 만남의 장소

에이징 인 플레이스는 노인의 건강한 삶을 위해 다양한 사회적 만남이 필요하다. 이 같은 만남은 구멍가게, 식당, 카페와 같은 제3의 장소를 중심으로 이루어진다. 제3의 장소는 노인들이 지역사회와 소통하며 건강한 관계를 유지하고, 간접적으로 건강 증진에도 기여한다.

구멍가게와 식당은 노인들이 다양한 사람을 만나고, 식사를 통해 교류하는 공간이다. 이곳에서 노인들은 친구나 지인들과 소소한 대화를 나누며 삶의 행복을 느낄 수 있다. 제3의 장소는 단순히 소비와 식사를 위한 공간이 아니라, 노인의 사회적 참여를 촉진하고 지역사회와의 상호작용을 강화하는 역할을 한다.

제3의 장소의 접근성은 노인의 사회적 참여에 중요한 영향을 미친다. 고령자는 구멍가게나 식당에 편리하게 접근할 수 있어야 사회적 활동과 지역사회와의 상호작용이 더욱 활발해지기 때문이다.

공원은 건강한 활동과 휴식을 위한 제3의 장소로, 고령자에게 매력적인 공간이다. 공원의 상태가 좋을수록 노인들이 공원에서 더 많은 시간을 보내며 건강한 라이프스타일을 영위할 수 있다. 고령 친화형 공원에는 산책로, 벤치, 녹지 공간 등이 필요하며, 편리성과 안전성을 고려해 조성해야 한다. 또한, 지역의 역사와 문화 자산을 활용해 지역사회의 정체성을 살리는 것도 중요하다.

제3의 장소는 노인의 건강과 행복을 증진하는 데 핵심적인 역할을 한다. 구멍가게의 따뜻한 만남, 식당의 다양한 식사, 공원의 여유로운 공간은 노인들에게 삶의 활기를 제공한다. 궁극적으로, 제3의 장소는 노인과 지역사회 간의 교류를 촉진하고 지속적인 참여를 독려하는 공간이어야 한다.

④ 광장: 고령자의 제3의 장소에서의 활동과 소속감

광장은 다양한 만남과 사회적 연대감을 높이는 데 중요한 역할을 한다. 광장은 지역사회의 강한 연대감과 소속감을 형성하는 장소이다.

광장은 지역사회 구성원이 모이고 다양한 활동을 즐기는 공간으로, 노인들이 참여하며 연대감을 느낄 수 있는 특별한 장소이다. 동네 친구나 지인과의 만남, 인사, 대화는 노인의 사회 활동을 촉진하고 소속감을 강화하여 적극적인 사회 참여를 이끄는 환경을 조성한다. 이처럼 광장은 노인과 지역사회의 연결을 강화하고 삶의 질을 향상시키는 중요한 공간이 된다.

우리나라의 광장은 교통광장(교차점 광장, 역전 광장, 주요 시설 광장), 일반 광장(중심 대광장, 근린 광장), 경관 광장, 지하광장 등 다양한 유형으로 존재하지만, 근린 생활권에서 지역공동체가 함께 모일 수 있는 장소로서 더 많은 광장을 조성해야 한다.

일반적으로 노인은 가벼운 사회적 접촉을 선호한다. 이런 고령자의 특성을 고려할 때, 광장은 다양한 만남과 활동을 통해 소소한 대화와 인사를 나눌 수 있는 공간으로, 노인의 만족감과 소속감을 높일 수 있다.

걷기 좋거나 만나기 좋은 환경을 제공한 광장은 노인과 지역공동체 간의 교류를 활성화한다. 광장은 이웃과의 소소한 교류, 걷기 좋은 환경, 그리고 다양한 여가 활동이 가능한 장소로서 삶의 질을 높이는 사회적 장소가 된다.

광장과 같은 도시계획시설은 노인뿐만 아니라 사회 구성원 모두의 삶의 질을 향상시키는 방향으로 발전해야 한다. 광장은 노인과 지역사회의 구성원이 함께 건강하고 즐거운 삶을 누릴 수 있도록 디자인하고 활용해야 한다.

⑤ 고령자를 위한 제3의 장소: 지역사회의 중심에서 출발하여

Ray Oldenburg의 '제3의 장소' 개념은 노인들에게 풍부한 교류와 활동의 기회를 제공할 수 있는 중요한 아이디어를 제시하고 있다. 그러나 우리 사회는 이 개념을 정착시키는 데 한계와 어려움이 있다. 따라서 구멍가게, 식당, 공원, 광장과 같은 제3의 장소뿐만 아니라 경로당, 이발소, 미용실 등 친숙한 장소에서부터 시작할 필요가 있다.

경로당, 이발소, 미용실은 노인과 지역 주민이 일상적으로 이용하는 공간으로, 우리 사회에 적합한 제3의 장소로 활용될 수 있다. 이러한 장소를 기반으로 사회적 교류와 참여를 활성화해야 한다.

주민 회관과 복지시설도 제3의 장소로 개발할 필요가 있다. 이 시설은 다양한 프로그램을 통해 노인에게 사회 참여의 기회를 제공한다. 예를 들어 커피 모닝, 노래방 모임, 공예 활동 등은 노인과 사회 구성원 간의 교류를 촉진하는 데 중요한 역할을 하기 때문이다.

경제적으로 어려운 노인을 위한 지원 방안도 마련해야 한다.

상업적인 제3의 장소는 소득이 낮은 노인도 부담 없이 이용할 수 있도록 정부 차원의 지원이 필요하다. 또한, 모든 노인이 차별 없이 참여할 수 있도록 다양한 유형의 제3의 장소를 조성해야 한다.

공원과 문화 공간을 적극적으로 활용하면 사회적 비용을 절감하면서도 노인과 지역 주민에게 지속적인 교류와 활동의 기회를 제공할 수 있다.

제3의 장소를 발전시키기 위해서 문화 활동, 예술 감상, 독서 모임 등 활발한 프로그램을 통해 노인과 사회 구성원이 소통할 수 있는 환경을 조성해야 한다. 특히, 고령 친화형 제3의 장소는 지역사회의 친숙한 공간을 중심으로 출발해야 하며, 이는 상업적 공간보다 노인의 선호와 지역 주민의 참여를 더욱 끌어낼 수 있다.

에이징 인 플레이스는 노인과 주민 모두가 편안하고 즐겁게 이용할 수 있는 새로운 사회적 공간이 필요하다. 제3의 장소는 문화적 교류와 사회적 연대를 이루는 중요한 기반이 될 것이다.

2) 사회적 자본

① 초고령사회와 사회적 자본

사회적 자본은 지역사회에서 형성되는 상호작용, 신뢰, 교류, 협력 등 관계 네트워크를 측정하는 지표로, 이는 에이징 인 플레이스와 고령자의 사회 참여에 깊은 연관이 있다. 노인의 지역사회 교류는 노후 생활의 삶의 질을 향상시키는 데 중요한 역할을 한다. 따라서 고령 친화형 도시 환경은 사회적 자본을 높일 수 있도록 설계되어야 한다.

고령 친화형 도시 환경은 노인이 안전하고 편리하게 생활할 수 있도록 안전한 보행로, 접근이 용이한 교통수단, 휴식 공간 등을 제공한다. 이러한 환경은 노인이 도시 공간을 적극적으로 이용하고 다양한 활동에 참여하며, 사회적 자본을 형성할 수 있는 기회를 마련한다.

또한, 안전하고 편리한 환경은 노인이 이웃과 교류하고 상호작용하며 신뢰와 연대를 쌓을 수 있는 기반이 된다. 이는 노인과 사회적 약자의 사회 활동과 참여를 촉진해 지역사회의 삶의 질을 전반적으로 향상시킨다.

다시 말해, 고령 친화형 도시 환경은 노인의 사회 참여를 높이고 사회적 자본을 강화하는 효과적인 대안을 찾아야 한다.

② 노인을 위한 사회적 자본과 제3의 장소의 역할

제3의 장소는 고령자의 풍요로운 노후 생활을 지원하고, 이웃과의 연결과 신뢰를 형성하며 사회적 자본을 향상시키는 핵심적인 공간이다.

예를 들어, 동네 가게는 가장 기본적인 사회적 자본 형성의 장소 중 하나다. 전통적으로 가게 앞의 평상은 노인들이 자연스럽게 모여 소통할 수 있는 공간으로, 마을의 사회적 교류 중심이 되어야 한다.

노인을 위한 간접적인 제3의 장소로는 길(도로), 공원, 광장이 있다. 이러한 장소들은 자연스러운 만남의 장이자 운동과 같은 생활 서비스를 무료로 제공해 고령자들에게 인기가 많다. 특히, 길(도로)의 구조와 가게, 공원, 광장이 어떻게 연결되고 상호작용하는지가 중요하다. 길은 노인의 사회적 자본을 높이는 기본 시설로, 편리성과 접근성을 고려해 설계되어야 한다.

앞으로 전통적인 노인 교류 장소를 넘어 사회적 자본을 향상시키는 도시 공간과 제3의 장소의 역할과 기능에 관한 연구가 필요하다. 에이징 인 플레이스는 노인과 사회적 약자가 도시 환경에서 편안하게 교류할 수 있는 장소로 발전시켜야 한다.

③ 에이징 인 플레이스의 미래: 사회적 자본의 중요성

앞으로 노인들이 즐겁고 활기찬 미래를 살기 위해서는 사회적 자본을 적극 활용해야 한다. 이웃과의 연대는 장소와 역사에 대한 공유에서 시작되며, 궁극적으로 에이징 인 플레이스라는 정체성으로 이어진다.

산업화와 도시화로 사회 구조가 변화하고 이동성이 빨라지면서, 사회적 정체성과 이웃 간 관계가 약화하였다. 특히 이웃 간 무관심이 극대화되면서 사회적 문제로 이어지고 있다. 이웃과의 신뢰, 대화, 만남을 위한 도시 환경은 활동성이 감소하는 노인들에게 더욱 중요하다.

초고령사회에서 이웃 관계는 노인의 삶에 큰 영향을 미친다. 선진국 사례에서도 경제적 어려움이나 일상 활동 감소로 어려움을 겪는 노인과 사회적 약자일수록 이웃과의 관계 의존도가 높다는 점이 확인되었다. 이에 따라 우리 사회는 노인과 사회적 약자가 신뢰와 교류를 나눌 수 있는 다양한 장소를 제공해야 한다.

현재 대도시는 이웃 간 교류 단절로 인해 소외와 고독을 호소하는 노인이 증가하고 있다. 이로 인해 많은 고령자가 우울감과 불안감을 경험하고 있다. 이를 해결하기 위해 이웃과의 연결을 통한 사회적 활동과 교류를 지원하는 공간을 마련해야 한다.

행복한 K-에이징 인 플레이스(AIP)

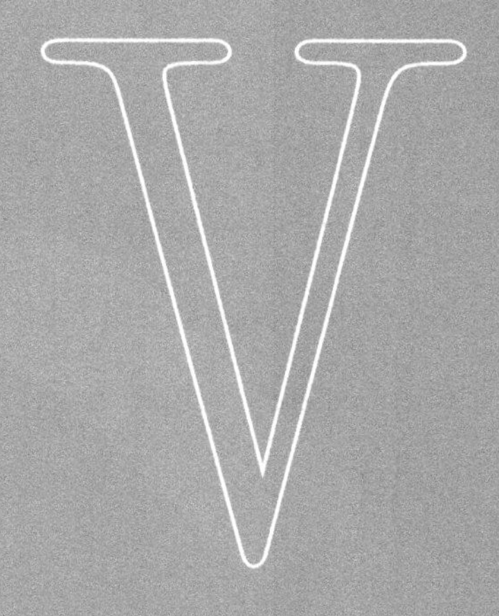

1

행복한 K-에이징 인 플레이스(AIP)

초고령사회의 진입으로 인해, 노인 친화적인 도시 환경을 조성하는 것이 중요하다. 이는 노인들이 건강하고 자립적인 삶을 영위하도록 지원하는 동시에 사회 참여를 촉진하는 것을 의미한다. 에이징 인 플레이스는 이러한 도시의 지속 가능성을 높이며, 행복한 노후를 보장하는 데 기여하기 때문이다.

행복도시는 사람 중심의 도시 디자인과 계획을 통해 시민의 삶의 질을 향상시키는 방향으로 발전하고 있다. 교통체계 개선, 공원과 녹지 지역 확대, 도심 생활의 우위성 등은 시민의 행복과 직결된 요소로, 더 나은 생활환경과 개인 만족도를 증진시킨다. 이러한 원칙은 미래 도시 개발에 긍정적인 영향을 미칠 것이다.

초고령사회를 대비하기 위해 행복한 에이징 인 플레이스를 통합하는 접근이 필요하다. 이를 실현하기 위한 주요 전략은 다음과 같다.

- ▨ 사람 중심의 도시 구조: 노인들이 편리하고 안전하게 생활할 수 있도록 도시 환경을 설계하고, 사회적 통합을 지원하는 구조를 마련해야 함.
- ▨ 친환경적이고 지속 가능한 발전: 공원과 녹지 확충, 에너지 효율적 건축 설계, 환경을 고려한 교통체계 구축을 통해 지속 가능한 도시를 조성해야 함.
- ▨ 다양성과 포용성: 노인뿐만 아니라 모든 세대가 조화롭게 공존할 수 있는 정책을 마련해 포용적 환경을 마련해야 함.
- ▨ 기술과 혁신 활용: 스마트 기술과 혁신적 서비스를 통해 노인의 요구를 충족시키고 삶의 질을 향상시킴.

이 같은 통합적 접근은 미래 도시의 행복한 시민과 지속 가능한 발전을 동시에 실현할 수 있다. 에이징 인 플레이스와 행복도시를 결합해 모든 세대가 함께 상생하며 살아가는 환경을 조성하는 것은 초고령사회의 중요한 과제이다.

2

상생하는 K-에이징 인 플레이스(AIP)

1) 인구구조 변화와 사회적 위기

2000년대 이후 한국 사회는 인구 구조의 급격한 변화에 직면하고 있다. 출산율의 지속적 감소로 인구 절벽 시대를 맞이했으며, 소비자, 노동자, 투자자 등 산업 사회의 핵심 주체들이 급격히 줄어들고 있다. 출산 장려 정책이 시행되고 있음에도 2020년대 출생률은 0%대에 머물러 초고령사회 대비가 시급한 상황이다.

베이비붐 세대의 고령화도 인구 구조 변화의 중요한 측면이다. 1955~1974년에 태어난 베이비붐 세대는 1세대 약 730만 명, 2세대 약 800만 명으로, 빠르게 고령 계층으로 편입되고 있다. 향후 20년간 매년 80만 명 이상이 고령층에 유입될 것으로 예상되며, 이는 노인 수 증가뿐만 아니라 젊은 세대의 부양 부담과 세대 간 갈등을 초래할 가능성을 시사한다.

이러한 문제를 해결하기 위해 우리나라는 다양한 연금 제도를 도입해 사회적 부담을 줄이려 노력하고 있다. 그러나 국민연금은 2041년 적립액 정점을 찍은 후 급격히 감소할 것으로 예측되며, 사학연금, 공무원연금, 군인연금 역시 재정 건전성에 대한 우려가 제기되고 있다. 특히 베이비붐 세대의 은퇴 본격화는 이러한 문제를 더욱 심화시킬 것이다.

긍정적인 측면도 있다. 베이비붐 세대는 경제 성장과 민주화를 경험한 세대로, 고등교육과 경제적 기반을 갖추고 있다. 이들이 축적한 경험과 자산은 고령사회의 성장 동력이자 사회의 다양성을 확장하는 원천이 될 것으로 기대된다.

인구 구조 변화와 고령사회의 도래는 복합적이고 심층적인 영향을 미친다. 이에 대한 대응은 사회적 부담 완화에 그치지 않고, 긍정적 요소를 활용해 사회 발전과 지속 가능성을 모색하는 데 초점을 맞춰야 한다.

2) 베이비붐 세대의 기대와 역할

우리 사회의 인구 구조 변화 속에서 베이비붐 1세대와 2세대는 전통적인 생애 주기와는 다른 경험을 하고 있다. 서울대학교 보건대학원 조영태 교수에 따르면, 과거 우리 사회는 소득 증대에 따라 연령별 규범적 생애 주기를 경험했지만, 이러한 규범은 베이비붐 세대에는 더 이상 적용되지 않을 가능성이 크다. 은퇴 이후에도 경제적 안정과 성공을 추구하는 이들은 다양하고 풍요로운 삶을 살아갈 첫 번째 세대가 될 것으로 전망된다.

이로 인해 베이비붐 세대는 생활환경과 거주 환경에 대한 새로운 기대와 선택을 하게 될 것이다. 이들이 중요하게 여기는 요소는 경제, 건강, 사회적 관계로 나눌 수 있다.

건강은 은퇴 이후 삶의 질을 결정짓는 핵심 요소이다. 노화로 인한 의료비 부담이 커지면서 건강 관리의 중요성이 더욱 부각되고 있다.

경제적 안정 역시 베이비붐 세대의 주요 관심사이다. 많은 고령자가 주택을 소유하고 있지만, 현금 흐름이 부족한 하우스 푸어(hosue poor) 상태에 놓여 있어 경제적 안정이 최우선 과제로 떠오르고 있다.

사회적 관계와 놀이 문화는 이들의 노후 행복에 중요한 역할을 한다. 특히 마을과 동네 단위에서 경제 활동, 건강 관리, 사회적 관계를 유지하는 것은 베이비붐 세대의 삶을 더욱 풍요롭게 만들 수 있다.

고령자의 특성을 고려할 때, 베이비붐 세대는 지역사회에서 경제 활동, 건강 관리, 사회적 관계를 유지하려는 경향이 강할 것이다. 마을과 동네는 이들의 라이프스타일을 지원하고 사회적 욕구를 충족시키는 중요한 공간이다.

베이비붐 세대는 경제, 건강, 사회적 관계에 대한 새로운 인식을 정립해야 한다. 이들이 만들어내는 새로운 라이프스타일과 사회적 실험은 우리 사회를 더욱 다양하고 풍요롭게 변화시킬 것이다.

3) K-에이징 인 플레이스의 새로운 지평

에이징 인 플레이스는 자신이 평생 살아온 집에서 노후를 계속 보내는 개념으로, 노후 생활의 새로운 지평을 제시하고 있다. 이는 자신의 고향에서 소속감을 유지하며 생활하는 형태로, 특히 베이비붐 세대의 노후 생활에서 점차 보편화될 것으로 보인다(이세규, 2013).

그러나 이러한 노후 거주 환경을 지원하기 위한 서비스와 시스템은 다양하며, 이에 대한 논의와 준비가 필요하다. 향후 20여 년 내에 고령자가 약 1,600만 명에 이를 것으로 예상되는 상황에서 'K-Aging in Place'는 모든 사회 구성원이 상생할 수 있는 방향으로 발전해야 한다.

우리나라의 고령 정책은 2000년대 초반부터 고령화에 대응해 행정, 보건, 복지 차원의 서비스 지원에 초점을 맞추어왔다. 그러나 대부분의 정책은 요양과 서비스 제공에 집중되어 에이징 인 플레이스 개념을 충분히 반영하지 못하고 있다(김유진 외, 2019). 반면, 선진국은 세대 간 부담을 최소화하기 위해 충분한 준비 기간을 두고 에이징 인 플레이스를 지원하는 서비스와 시스템을 발전시켜왔다. 이는 앞으로 우리나라의 유용한 모델이 될 것이다.

우리 사회는 인구 감소와 경제활동 인구 감소로 인한 불확실한 전망에 직면하고 있다. 특히 고령 인구는 2060년 전체 인구의 40%에 이를 것으로 예상되며(방준석, 2020; 통계청, 2012), 국민연금 수지 적자가 가시화되면서 노후 생활에 대한 우려가 커지고 있다(한재준, 2018).

에이징 인 플레이스는 이러한 사회적 변화에 대응하며 새로운 노후 생활 모델을 제시한다. 이는 삶의 질 향상과 자기 주도적 노후를 추구하는 베이비붐 세대의 기대와 부합하며, 노후 정책의 재조정을 요구한다.

이러한 변화는 에이징 인 플레이스 체계의 혁신을 통해 이루어질 것이다. 이를 통해 우리 사회는 고령화에 효과적으로 대응하면서 더 나은 노후를 위한 가능성을 열어갈 수 있을 것이다.

4) K-에이징 인 플레이스: 사회적 상생을 위한 지향점

K-에이징 인 플레이스는 단순히 노후를 위한 공간에 머무르지 않는다. 이는 고령 세대와 모든 사회 구성원이 함께 상생하며 살아갈 수 있는 공간으로 진화하고 있다. 특히, 4차 산업혁명은 생활 방식의 변화를 가속화하며, 다양한 측면을 고려한 미래 생활 공간의 필요성을 강조하고 있다. 사고, 팔고, 이동하는 개념을 넘어 삶의 모든 활동이 가능한 동네와 마을의 중요

성이 커지고 있다(모종린, 2020).

K-에이징 인 플레이스를 논하기 위해서는 세 가지 관점에서 심층적인 검토가 필요하다. 첫째, 다양한 라이프스타일의 존중과 공존의 관점이다. 고령 세대는 다양한 배경과 가치관을 가지고 있다. 이를 수용하기 위해서는 유연하고 포괄적인 디자인이 필요하다.

▨ **라이프스타일의 공존:** 사회 구성원이 자연스럽게 상생하며 함께 성장할 수 있는 기반을 마련해야 함.

▨ **공간 설계:** 개인의 독립성을 존중하면서도 공동체 활동을 지원하는 구조여야 함.

둘째, 일자리, 놀이, 주거의 공유와 상생의 관점이다. K-에이징 인 플레이스는 모든 세대가 일상 활동을 공유하고 서로에게 도움이 되는 환경을 조성해야 한다.

▨ **일자리 공유:** 세대 간 경험과 지식을 나누는 방식의 일자리 창출해야 함.

▨ **문화적 활동의 공동 참여:** 다양한 세대가 함께할 수 있는 문화·놀이 프로그램 제공해야 함.

▨ **주거 환경의 상호 지원:** 지역 자원을 공유하고 협력하는 시

스템을 구축해야 함.

셋째, 지역사회와의 강한 사회적 연대의 관점이다. K-에이징 인 플레이스는 마을과 동네 단위에서 지역사회의 특성을 반영해 조성해야 한다.

- ▨ **주민 참여와 자원 공유**: 커뮤니티가 협력하며 발전하는 모델을 만들어야 함.
- ▨ **맞춤형 지원**: 지역 커뮤니티의 요구에 맞는 에이징 인 플레이스를 통해 노인들이 사회에 자연스럽게 통합될 기회를 제공해야 함.

K-에이징 인 플레이스는 사회적 상생을 강조하며, 모든 세대가 함께 성장하며 삶의 품격을 높이는 방향으로 나아가야 한다. 이를 위해 다양성과 공동체 의식을 강화하는 노력이 필수적이다.

행정가와 전문가는 이러한 변화를 주도하며 사회를 상생과 번영으로 이끌어야 한다. K-에이징 인 플레이스는 단순히 공간 제공을 넘어 새로운 라이프스타일을 창출하고, 지속 가능성과 품격을 높이는 중요한 미래 모델이기 때문이다.

5) K-에이징 인 플레이스의 미래 비전

① 에이징 인 플레이스와 라이프스타일: 다양성을 위한 미래 비전

K-에이징 인 플레이스는 노후 생활에 새로운 지평을 제공하며, 다양한 라이프스타일의 공존을 핵심 전략으로 삼고 있다. 다양한 라이프스타일 유형은 우리 사회의 특징을 반영하고 있으며, 이를 기반으로 다양성과 수용성을 갖춘 에이징 인 플레이스 모델을 조성할 수 있다. 다음은 7가지 라이프스타일 유형이다.

- 부르주아(물질주의) 라이프스타일: 부르주아는 산업화와 도시화 과정에서 널리 퍼진 라이프스타일로, 물질적 풍요와 소비를 중요하게 생각함. 그러므로 에이징 인 플레이스에서는 편안하고 안락한 생활을 추구하는 노인들에게 적합한 방식으로 적용될 수 있음.
- 보헤미안 라이프스타일: 보헤미안은 창의성과 예술을 중시하며, 도시의 예술 거리와 같은 공간에서 즐거움을 추구함. 이는 커뮤니티 기반의 문화 활동을 통해 노인의 참여를 유도하고, 지역사회를 활성화하는 데 기여할 수 있음.

- 히피 라이프스타일: 히피는 마을 공동체와 생활 운동을 중요시하며, 지역사회의 연대와 상호 도움에 초점을 맞춤. 즉, 에이징 인 플레이스에서는 지역사회 통합과 활동적인 노후 생활을 지원하는 모델로 활용될 수 있음.
- 보보 라이프스타일: 고등교육을 받은 강남 좌파로 알려진 이 유형은 학문적 지식과 사회적 행동을 강조함. 그래서 에이징 인 플레이스에서는 학습과 사회 참여를 통해 노인들의 적극적인 기여를 유도할 수 있음.
- 힙스터 라이프스타일: 힙스터는 현대적이고 트렌디한 삶을 추구하며, 다양한 창의적 활동과 문화적 참여를 중요시함. 그러므로 노인들에게도 새로운 경험과 활동의 기회를 제공하여 활기찬 삶을 지원할 수 있음.
- 디지털 노마드 라이프스타일: 디지털 노마드는 유연성과 기술 활용을 중심으로 활동하며, 지역 커뮤니티와의 연결을 강화함. 디지털 기술을 통해 에이징 인 플레이스를 더욱 다채롭고 역동적인 공간으로 변화시킬 수 있음.

이 같은 라이프스타일의 다양성은 K-에이징 인 플레이스를 구축하는 데 중요한 전략이다. 이 유형은 고령자들에게 다양한 선택지를 제공하고, 지역사회와의 상호작용을 통해 행복하고 활기찬 노후를 지원한다.

다시 말해, K-에이징 인 플레이스는 다양성을 존중하고 통합함으로써 고령사회의 지속 가능한 발전을 이끌어내고, 미래 노후 생활을 풍요롭고 활기차게 만들어야 한다.

② K-에이징 인 플레이스와 상생: 미래 동네와 마을의 비전

K-에이징 인 플레이스는 사회 구성원 간의 상생과 협력에 크게 의존한다. 초고령사회가 도래하며 세대 간 갈등과 부담이 증가하고 있는 상황에서, 동네와 마을은 모든 세대가 함께 일자리, 주거, 놀이를 공유하며 상생할 수 있는 환경으로 조성되어야 한다.

인구 감소와 출산율 하락으로 인한 초고령사회는 젊은 세대와 중장년층에게 새로운 도전과 부담을 안겨주고 있다. 이러한 상황에서 에이징 인 플레이스는 모든 세대의 적극적인 참여를 필요로 한다. 특히 젊은 세대의 창의력과 혁신적인 사고는 새로운 트렌드와 기술을 도입하고 구현함으로써 에이징 인 플레이스의 성공을 뒷받침한다.

K-에이징 인 플레이스는 실버 상품의 개발과 판매뿐만 아니

라, 젊은 세대와의 협업을 통해 더욱 발전할 수 있다. 혁신 기술의 접목이 다양한 분야로 확장되는 만큼, 젊은 인재가 근린 지역에서 이를 구현할 수 있도록 제도적 지원과 예산 마련이 필요하다. 또한 로컬 크리에이터와 플랫폼의 발굴 및 지원이 중요하다.

미래의 마을은 단순히 고령자 전용 공간이 아니라, 모든 세대가 공동체로 함께 살아가는 공간으로 발전해야 한다. 이를 위해 전통적인 콘텐츠와 창의적인 아이디어를 융합해 새로운 가치를 창출할 수 있는 로컬 크리에이터와 플랫폼을 적극 지원해야 한다.

지속 가능한 K-에이징 인 플레이스는 세대 간 협력과 참여를 통해 가능하다. 노년층의 경험과 지식을 젊은 세대의 창의력과 열정에 결합해 새로운 마을을 조성함으로써 더 나은 노후 생활의 가능성을 제시하고, 모든 사회 구성원이 함께 성장하는 비전을 현실로 만들어야 한다.

③ K-에이징 인 플레이스와 지역사회 강화: 협력과 상생의 미래 비전

K-에이징 인 플레이스가 성공적으로 발전하기 위해서는 지역사회와의 강한 사회적 연대가 필수적이다. 특히 고령자의 원

거리 이동이 어려운 점을 고려하면, 마을 차원에서 소규모 공간과 안전한 보행자와 자전거 이동 환경을 조성해야 한다. 이러한 환경은 에이징 인 플레이스를 현실적이고 유용한 노후 생활의 해결방안을 만드는 기반이 된다.

동네와 마을은 모든 세대가 생산, 소비, 거주할 수 있는 공동체로 발전해야 한다. 다양한 라이프스타일이 공존하는 공간은 고령자, 특히 베이비붐 세대가 공동체 활동에 참여하고 소통하며 생활할 수 있는 친환경적 마을 공간을 형성할 수 있다. 이는 에이징 인 플레이스의 정체성을 강화하고, 지역 공동체 전체의 만족도를 높이는 데 기여한다.

또한, 지역 대학을 활용하면 지역사회 연대를 더욱 강화할 수 있다. 대학은 다양한 리소스와 인적 자본을 보유하고 있어 혁신적인 프로젝트를 추진하는 데 중요한 역할을 한다. 특히 대학의 교육 인프라와 인적 자원은 교육, 주거, 경제 서비스 등을 통해 베이비붐 세대에게 가치 있는 혜택을 제공한다.

미국과 일본에서는 지방 대학을 활용한 연계형 에이징 인 플레이스가 성공적으로 운영되고 있다. 이러한 성공 사례를 참고해 우리도 대학과 고령자를 연계한 새로운 모델을 개발하고 적극적으로 추진해야 한다. 이를 통해 초고령사회에 대비하고,

마을에서 상생과 협력이 가능한 환경을 구축해야 한다.

에이징 인 플레이스와 지역사회의 연대 강화는 고령자뿐만 아니라 모든 세대가 상생할 수 있는 미래를 위한 중요한 기반이다. 협력과 상생을 바탕으로 고령자들이 삶의 질이 높은 노후를 즐길 수 있도록 지속적인 노력이 필요하다.

K-에이징 인 플레이스의 주요 방향은 크게 세 가지로 나눌 수 있다.

첫째, 다양한 라이프스타일이 공존하는 방향이다. K-에이징 인 플레이스는 부르주아, 보헤미안, 히피, 보보, 힙스터, 디지털 노마드 등 다양한 라이프스타일이 조화롭게 공존하는 공간으로 발전해야 한다.

- 자유로운 선택과 존중: 고령자뿐만 아니라 모든 세대가 자기 삶의 방식을 자유롭게 선택하고 존중받는 공간을 의미함.
- 다양성 수용: 사회 구성원의 다양성을 수용함으로써 상생과 발전의 기반을 마련해야 함.

둘째, 마을 차원의 상생과 협력의 방향이다. K-에이징 인 플레이스는 일자리, 주거, 놀이를 함께 나누는 공동체로 성장해야 한다.

▨ **마을 자원 활용:** 지역 특화 산업과 협력 프로젝트를 통해 모든 세대가 참여하고 혜택을 누릴 수 있는 지속 가능한 마을을 조성함.

▨ **공동체 활성화:** 지역사회 구성원이 협력하여 고령화의 도전과제에 대응하고 행복한 고령화를 경험할 수 있는 환경을 마련해야 함.

셋째, 정책과 제도를 기반으로 한 사회 구성원의 상생 방향이다. K-에이징 인 플레이스의 다양성과 상생은 정부와 기관의 적극적 지원을 통해 실현된다.

▨ **지역 대학 협력:** 교육과 연구를 통해 지역사회와 고령자를 연결하는 모델을 구축해야 함.

▨ **일자리 창출과 주거 개선:** 지속 가능한 정책을 마련해 고령자의 경제적 안정과 주거 환경을 개선해야 함.

▨ **세대 간 상생 프로그램:** 젊은 세대와 고령자가 함께 참여할 수 있는 교육과 문화 프로그램을 활성화해야 함.

K-에이징 인 플레이스는 다양성을 바탕으로 상생하는 지속 가능한 미래 사회를 지향한다. 각 구성원의 삶의 방식을 존중하며 함께 성장하고 더 나은 노후를 맞이할 수 있는 환경을 조성해야 한다. 이를 위해 정부, 지자체, 기업, 지역 대학 등 모든 사회 구성원이 협력하여 K-에이징 인 플레이스를 발전시켜야 한다. 이는 초고령화 시대에도 활기차고 풍요로운 삶을 위한 중요한 초석이 될 것이다.

참고 문헌

01. 이정전, 2013, 행복도시, 한울 아카데미.

02. 김난도 외, 2023, 트렌드 코리아 2024, 미래의 창.

03. 온수진, 2020, 2050년 공원을 상상하다, 한숲.

04. 온수진, 2023, 공원주의자: 도시에서 초록빛 이야기를 만듭니다, 한숲.

05. 최인규, 2020, 브랜드리빙랩 디자인 씽킹, 인제대학교출판부.

06. 최경남, 2020, 창조성을 깨우는 디자인 씽킹의 기술: 디자인은 어떻게 생각을 바꾸는가, 유엑스리뷰.

07. 김정동 외, 2019, 디자인씽킹 가이드북, 생능출판.

08. 이세규, 2013, 에이징 인 플레이스와 도시재생, 좋은땅.

09. 한세희, 2023, 플랫폼 경제 무엇이 문제일까?, 동아엠앤비.

10. 이재열 외, 2021, 플랫폼 사회가 온다. 디지털 플랫폼이 도전과 사회질서의 재편, 한울.

11. 이승훈, 2022, 플랫폼의 생각법 2.0, 한스미디어.

12. 이세규, 2023, 중소기업이 꼭 알아야 할 K-ESG 경영 해설서, 생각나눔

13. 이세규 외, 2024, 중소기업을 위한 ESG 경영평가 핸드북, 지식과 감정.

14. 윤정구 외, 2022, 로컬의 발견: 제3의 장소와 관계인구, 더가능연구소.

15. 김혁주, 2020, 로컬 크리에이터의 등장, 비로컬.

16. 모종린, 2020, 인문학, 라이프스타일을 제안하다, 지식의 숲.

17. 모종린, 2017, 골목길 자본론: 살마과 돈이 모이는 도시는 어떻게 디자인되는가, 다산북스.

18. 차학봉, 2006, 일본에서 배우는 고령화 시대의 국토-주택정책, 삼성경제연구소.

19. 임형남 외, 2020, 골목 인문학, 인물과 사상사.

20. 이종혁 외, 2022, 공공소통 전략, 커뮤니케이션북스.

21. 이종혁, 2015, 공공소통감각, 한경사.